La tiranía de la mediocridad

La tiranía de la mediocridad

Por qué debemos salvar el mérito

SOPHIE COIGNARD

Traducción de Nuria Viver

EDICIONES DEUSTO

Título original: *La tyrannie de la médiocrité: Pourquoi il faut sauver le mérite*

Deusto es un sello editorial de Centro de Libros PAPF, SLU.
Av. Diagonal, 662-664
08034 Barcelona
www.planetadelibros.com

Primera edición: enero de 2024
Depósito legal: B. 20.440-2023
ISBN: 978-84-234-3671-2
Preimpresión: Realización Planeta
Impreso por CPI Black Print

Impreso en España - *Printed in Spain*

Sumario

Cuarta parte
Los pretextos

Quinta parte
La auténtica constatación

Sexta parte
Lo pueden hacer mejor...

Introducción

Jules Romains escribía hace casi un siglo: «Si nuestra época, si nuestra civilización corre hacia una catástrofe, no es tanto por ceguera como por pereza y por falta de mérito».[1] Lo que falta hoy no es mérito, sino su reconocimiento, que había sido unánime en la sociedad francesa durante más de un siglo. Este valor de progreso, de emancipación y de democracia desde la Revolución francesa, e incluso un poco antes, es consustancial a la república. Combatido por los monárquicos y los reaccionarios de todo tipo, ha demostrado ser la mejor arma para luchar contra la nostalgia aristocrática, que no concibe otro destino que el forjado por el nacimiento, ni otra excelencia que la transmitida por herencia. Pero esta joya unificadora se ha transformado en tema de disputa y en objeto de desprecio.

El descrédito estaba en marcha desde hacía largo tiem-

1. Romains, Jules, *Les Hommes de bonne volonté*, Flammarion, París, 1946. Versión castellana de Mariano Lenceda, *Los hombres de buena voluntad*, Losada, Buenos Aires, 1957.

po, pero tomé conciencia de él de repente a finales de 2014, cuando un gobierno socialista decidió suprimir las becas al mérito para los estudiantes de origen modesto, bachilleres becados distinguidos con la mención de *très bien* ('matrícula de honor'). Se me ocurrió entonces la idea de que era necesario investigar sobre el origen de este cambio. ¿Por qué y cómo el mérito, referente de la emancipación republicana, había caído en desgracia? ¿Quién se había cargado a este campeón que creíamos indestronable? ¿El pensamiento del 68 mal digerido? ¿El deterioro de la escuela, cada vez más incapaz de combatir eficazmente las desigualdades del destino? ¿La pauperización lamentable de la universidad francesa? ¿El cuestionamiento del valor del trabajo en el seno de la sociedad francesa? ¿El final del progreso o al menos de la creencia casi religiosa que las generaciones precedentes tenían en él? ¿Una concepción del éxito menos unívoca que en el pasado? ¿La reconstitución reciente de una sociedad de herederos, cuando la participación de la fortuna heredada en el patrimonio total representa actualmente el 60 por ciento, frente al 35 por ciento a principios de la década de 1970? ¿La presión ejercida por el comunitarismo identitario, que hace prevalecer el peso de los orígenes sobre la fuerza de un destino individual? «Los árboles tienen raíces, yo tengo piernas y es un progreso inmenso, creedme», decía el erudito George Steiner, cosmopolita y políglota. Una reflexión que se podría considerar universal y eterna, pero que desgraciadamente ya no lo es.

Así, pues, los sospechosos son numerosos y todos son cómplices en un grado u otro. Pero, en este estadio de la investigación, ha sido necesario rendirse a una doble evidencia. Por una parte, *mérito* es una palabra engañosa, una palabra cajón de sastre en el que cada uno mete lo que le conviene, sin tener en cuenta la realidad histórica. Y por otra, los denigradores del mérito, cada vez más numerosos, o al menos cada vez más ruidosos e influyentes, han decidido de una vez por todas hacer tabla rasa con el pasado. Tirar el grano con la paja. Articular la liquidación.

La crítica no data de ayer. El término de *meritocracia* es un neologismo inventado en la década de 1950 por el sociólogo británico Michael Young. En una novela distópica al estilo de *1984*, describía una sociedad regida únicamente por el mérito, en la que los «mejores» tienen el poder.[2] Una pesadilla digna de *Un mundo feliz*. Por una ironía cruel para este laborista convencido, la meritocracia —concepto que había inventado para descalificarlo—, lejos de servir de repelente, se convirtió en el alfa y el omega de las políticas públicas en todas las democracias. Michael Young, fallecido en 2002 con el título de barón, creía haber perdido el combate, como dejó escrito unos meses antes de su muerte en una carta abierta a Tony Blair, el primer ministro que había convertido el mérito en un mantra político: «He creado una palabra que ha entrado en el lenguaje común, sobre todo en Estados Unidos, y que, más recientemente, ha ocupado un lugar preponderante en el discurso del señor Blair. Mi libro satírico pretendía ser un toque de atención; ¡ni que decir tiene que el objetivo no ha sido alcanzado!».[3] Michael

2. Young, Michael, *The rise of the meritocracy*, Thames and Hudson, Londres, 1958. Versión castellana de Ricardo Defarges, *El triunfo de la meritocracia: 1870-2034*, Tecnos, Madrid, 1964.

3. Young, Michael, «Down with meritocracy», *The Guardian*, 29 de junio de 2001.

Young experimenta en la actualidad una victoria intelectual póstuma con la que no se habría atrevido a soñar.

En apariencia, el mérito sigue siendo un valor positivo, aunque en la actualidad es mucho más valorado por la derecha que por la izquierda. Emmanuel Macron, en su «Lettre aux Français», publicada el 3 de marzo de 2022, lo elogiaba: «Lucharemos contra las desigualdades, no tanto intentando corregirlas, ya demasiado tarde, sino enfrentándonos a ellas desde la raíz. Procuraremos que todos los niños de Francia tengan las mismas oportunidades y que la meritocracia republicana vuelva a ser una promesa para todos». Marine Le Pen, el mismo día, en el plató de France 2, cantaba las bondades de la meritocracia republicana.

Sin embargo, durante su primer mandato de cinco años, el presidente reelegido en abril de 2022 para un segundo mandato se comportó de manera muy ambigua frente al mérito. En la escuela elemental, desdobló las clases para intentar instaurar una cierta equidad escolar. Pero su ministro de Educación no restauró los 1.800 euros anuales para los mejores bachilleres becados. De la misma manera que tampoco desarrolló «internados de excelencia», sino que se contentó con otorgar una etiqueta de «éxito» a cualquier instituto que propusiera unas horas de montar en poni o unas cuantas salidas culturales al año. En cambio, suprimió la ENA (Escuela Nacional de Administración) y privó al instituto Henri-IV, así como a su «gemelo» Louis-le-Grand, de su autonomía de admisiones. ¿La ENA y el instituto Henri-IV? Son dos pilares de la meritocracia francesa, donde él mismo estudió. Es decir, por una extraña paradoja, ¿pretende el jefe del Estado cerrar tras de sí las puertas del éxito que él pudo franquear? Es difícil aventurarse en un análisis psicológico.

Pero sí podemos hacer una lectura política de esta ambivalencia. Michael Young no se equivocaba cuando describía, en 1958 y después en 2001, la cara oscura de la meritocracia. Incluso daba muestras de cierta presciencia. No haber cursado estudios superiores conduce ahora a una forma de relegación, cuando ayer los autodidactas podían pensar en formar parte de un gobierno. Por eso, según Young y otros muchos, los marginados de la excelencia sólo pueden elegir entre dos soluciones: odiarse a sí mismos (porque no tienen mérito) o detestar a las élites, lo cual conduce al Brexit, a la elección de Donald Trump o a un voto de más del 40 por ciento en favor de personajes extremistas en las presidenciales francesas. Emmanuel Macron lo sabe, como tampoco ignora que es la personificación de la meritocracia y de la arrogancia que ésta puede generar en los ganadores del sistema. Así que va mareando la perdiz. Alaba la igualdad de oportunidades, que promete restablecer, pero quema los estandartes del éxito, incluido el suyo.

¿Así que no habría salida? ¿El mérito conduciría inevitablemente a la «tiranía», como afirma un eminente profesor de Harvard?[4] Este juicio definitivo es muy discutible. Representa considerar cuando un barco se está hundiendo que la culpa no es de los astilleros que lo han construido, sino de Arquímedes. Sobre todo teniendo en cuenta que nadie, entre los denigradores del mérito, propone una so-

4. Sandel, Michael, *La tyrannie du mérite*, Albin Michel, París, 2021. Versión castellana de Albino Santos Mosquera, *La tiranía del mérito*, Debate, Barcelona, 2020.

lución alternativa. Al terminar esta investigación, se observa que la meritocracia es quizá el peor de los sistemas, pero con excepción de todos los demás. Siempre que esté, como el teclado de Johann Sebastian Bach, «bien temperada»...

Primera parte

Los enemigos del mérito

1

El escándalo de las becas al mérito

Durante la presidencia de François Hollande, su ministra de Educación Nacional, procedente de un estrato modesto, se ensañó contra los becados por mérito. Cuando tomó posesión de su cargo, inició una cruzada contra los que obtenían la calificación de matrícula de honor en el examen de bachillerato y recibían, para continuar sus estudios, una modesta dotación de 1.800 euros al año. Una suma irrisoria para el Estado, pero crucial para sus beneficiarios: el equivalente a dieciocho horas al mes menos de «trabajillos de subsistencia» efectuados durante el año universitario; dieciocho horas que podían dedicar a estudiar, cuidarse, relajarse, descansar..., 1.800 euros para rellenar un poco el foso de las desigualdades. Era evidente que resultaba insoportable para Najat Vallaud-Belkacem —estoy hablando de ella— y para su secretaria de Estado de Enseñanza Superior, Geneviève Fioraso. Las dos mujeres no pararon de luchar contra las asociaciones de estudiantes, incluso contra el Consejo de Estado, que se opuso a sus funestos propósitos. Su justificación era que preferían aumentar el número de becados, sin establecer la menor distinción entre los malos estudiantes y los excelentes... ¡Nada de discriminación!

Esta obstinación me escandalizó. Es cierto que ya conocía esa sospecha «de izquierdas» hacia el mérito. Había leído a Bourdieu. Sabía que el sistema escolar puede amoldarse a las desigualdades económicas, sociales y, sobre todo, culturales. Que incluso puede agravarlas. Había comprendido que la meritocracia, si no se tiene cuidado, puede servir de elegante taparrabos para la perpetuación de los privilegios.

Pero ¿hasta el punto de negarse a proporcionar una ayuda suplementaria a los que, a pesar de su fragilidad, habían tenido el valor de desarrollar su talento y desplegar todo su esfuerzo para dar lo mejor de sí mismos? Era incomprensible, inconcebible, injustificable.

Para defender la decisión de eliminar ese estipendio, la secretaria de Estado de Enseñanza Superior e Investigación, Geneviève Fioraso, cuya vida profesional inició como profesora de inglés de alumnos desfavorecidos, aseguró entonces que el sistema de becas al mérito era «ineficaz».[5] Para intentar demostrarlo, sacó sus estadísticas. A principios de la década de los 2000, esgrimió, el 2 por ciento de los bachilleres obtenían una calificación de matrícula de honor. Quince años más tarde, eran un 12 por ciento. En ese mismo tiempo, el número de estudiantes de instituto becados distinguidos con esa calificación no había cam-

5. Mouillard, Sylvain, «Pourquoi le gouvernement supprime les bourses au mérite», *Libération*, 3 de septiembre de 2014.

biado. Esto prueba, según ella, que la escuela es cada vez menos igualitaria y que hay que actuar antes, desde primero de primaria, en favor de los más débiles en términos económicos y culturales.

La secretaria de Estado, al igual que su ministra responsable, no parece darse cuenta de la futilidad de este argumento. ¡Es evidente que hay que luchar contra las desigualdades escolares desde la más tierna edad! Pero ¿en qué responde a este objetivo el hecho de privar de medios suplementarios a los bachilleres desfavorecidos más merecedores por haber obtenido esa excelente calificación? ¡En nada!

Las dos mujeres, interpeladas por los diputados de la oposición y criticadas por los estudiantes afectados, reunidos en el seno del colectivo «Touche pas à ma bourse, je la mérite» ('No me quites la beca, me la merezco'), repiten incansablemente el mismo argumento: la supresión de estas ayudas al mérito permite ampliar los criterios de atribución de las becas y llegar a más estudiantes.

Con un presupuesto inferior a 40 millones de euros, pretenden restablecer la justicia social en la universidad. Y, sobre todo, prefieren atomizar en lugar de recompensar más a los jóvenes que ya han demostrado su valía. En su opinión, no tienen derecho a ser mejor tratados que los que, a pesar de su mediocridad y su falta de esfuerzo, obtienen indolentemente un título de bachillerato vulgar. Los bachilleres brillantes becados, privados de medios financieros, si vamos hasta el final de su razonamiento, sólo tienen que ponerse a trabajar en un *fast food* mientras sus condiscípulos más acomodados disponen de ese tiempo para inclinar la balanza en su favor. Las dos ministras acabaron por conseguir sus propósitos, al menos a medias: redujeron a la mitad estas becas. ¡Qué siniestra victoria para unos integrantes de la izquierda, 900 euros al año en lugar de 1.800!

Desde entonces, no he dejado de interesarme por el mérito y por los que intentan desacreditarlo. He descubierto que son numerosos. E influyentes. Quizá es la razón por la que Jean-Michel Blanquer, que permaneció cinco años en el Ministerio de Educación durante el primer mandato de Emmanuel Macron —¡un récord!—, no encontró un momento para restaurar estas becas al mérito a su monto anterior...

2

Un valor universal pisoteado

«Me gustan los que no tienen títulos», declaraba Donald Trump en Nevada en las primarias estadounidenses de 2016. Era aclamado por la multitud... de los no titulados. ¡Menuda ruptura con los mensajes enviados por sus predecesores, de Reagan a Obama, que exaltaban el mérito como valor fundador del sueño americano! «You can make it if you try»,[6] decía Barack Obama desde la Casa Blanca en 2012.

Esta ruptura en el discurso marca el divorcio entre la clase que ha realizado brillantes estudios y el resto de la población. Curiosamente, no sólo en Francia los populistas de la extrema derecha continúan cantando las alabanzas del mérito. «La promesa republicana es la meritocracia», repitió Éric Zemmour durante toda su campaña. Con el excandidato a las presidenciales[7] como amigo, ¡la meritocracia no necesita enemigos! Sobre todo teniendo en cuenta

6. «Puedes lograrlo si lo intentas.»
7. Zemmour, Éric, *Figaro Live*, 24 de enero de 2022.

que Marine Le Pen esgrime una cantinela semejante: «Restablecer una auténtica igualdad de oportunidades recuperando la vía de la meritocracia republicana», ése era el compromiso número 105 de su programa en 2017. A principios de 2022, no había mitin ni intervención televisiva en que la candidata de Agrupación Nacional (Rassemblement National, RN) no volviera a insistir. Este concepto que recuerda las mejores horas de la república es esgrimido por la hija de Jean-Marie Le Pen, mientras que los herederos de Jules Ferry y de Jean Zay ya casi no se atreven a pronunciarlo. ¿Qué ha ocurrido para que el mérito, antaño el talismán del progresismo, se haya convertido en el fetiche de la reacción?

Desde hace unos años, algunas voces procedentes de la izquierda, incluso de la extrema izquierda, describen el mérito como una vitrina engañosa, que disimula cada vez peor la reproducción de las élites, como el espejismo de una quimérica igualdad de oportunidades. Sin embargo, entre los detractores más inflexibles de la meritocracia, muchos se han beneficiado de sus efectos durante su trayectoria escolar y universitaria.

Después de haber trabajado durante largo tiempo sobre Spinoza, la filósofa Chantal Jaquet se ha centrado en un tema más social, el de las «transclases», según el neologismo que ella misma ha creado. En sus diferentes obras sobre el tema, analiza las excepciones a la reproducción social, aquellas y aquellos que pasan de una clase a otra y que efectúan un recorrido ascendente en la sociedad.[8] Sabe de lo

8. Jaquet, Chantal, *Les transclasses ou la non-reproduction*, PUF, París, 2014.

que habla, puesto que ella también ha hecho ese viaje. Nació en una familia saboyana muy modesta, fue admitida en la Escuela Normal Superior de Fontenay-aux-Roses y trabajó como profesora en la Sorbona. Pero ello no le impide lanzar palabras muy duras contra la meritocracia que, según ella, «no es un concepto, sino una ideología», «una palabra que añade desigualdad simbólica a la desigualdad económico-política» y «humilla más a los no titulados» al servicio de las «ideologías en el poder», como formula en una entrevista en *Marianne*.[9] «Tienen demasiada necesidad de esa futilidad para gobernar y continuarán agitándola para enmascarar su propio inmovilismo social detrás de la vitrina de unos héroes transclases, en marcha, como los buenos alumnos que se mueven para que nada se mueva», acusa.

Perteneciente a otra generación y procedente de un horizonte muy diferente, el de la Escuela Politécnica, Ismaël Le Mouël, nacido en 1984, se considera también como un «transclase». Sin ir más lejos, así es como se presenta en su cuenta de Twitter. Y también él tiene palabras bastante duras contra el mérito. En marzo de 2021, este empresario social reaccionó a las medidas presentadas por Emmanuel Macron en favor de la igualdad de oportunidades: un millar de plazas suplementarias en las clases «Prépas Talents»,[10]

9. Cortes, Anthony, «Chantal Jaquet: "La méritocratie n'est pas un concept, c'est une idéologie"», *Marianne*, 18 de octubre de 2021.

10. Estas clases, un centenar en el conjunto del territorio francés, proponen a los becados que poseen una licenciatura o un máster que preparen en mejores condiciones los exámenes para entrar a formar parte del funcionariado público, gracias a un sistema de tutorías, una beca suple-

el lanzamiento de una plataforma antidiscriminación, la promoción de la mentoría...

¿Qué escandaliza al alumno de la Escuela Politécnica? Que todas estas iniciativas «no rompen con la lógica de la meritocracia, auténtico factor de desigualdades».[11] Su razonamiento no alberga matices: «Emmanuel Macron cree en la meritocracia. Para él, los privilegios en la vida se deben al talento y al esfuerzo. Moralmente, el sistema meritocrático se presenta como lo inverso a la herencia aristocrática, en la que las plazas sociales se ocupaban en función del nacimiento. Le gustaría hacernos creer, como todos sus predecesores, por lo demás, que nos encontramos en un sistema en el que las ventajas se adquieren gracias al mérito y, por lo tanto, son justas». En realidad, nadie, ni siquiera los defensores más fervientes del mérito, puede considerar de buena fe que «las ventajas se adquieren gracias al mérito y, por lo tanto, son justas». Es evidente, y sin duda no para mejorar, sino más bien para todo lo contrario, que siguen existiendo numerosos privilegios perturbadores: remuneraciones estratosféricas de los dirigentes de grandes grupos, bonus delirantes atribuidos a los *traders* y otros operadores financieros que no contribuyen en nada al interés general, y «delitos de información privilegiada» de tipo cultural o educativo por parte de los que han «tenido éxito» y que poseen los códigos vigentes de las élites dirigentes.

---

mentaria de 4.000 euros, y facilidades para el alojamiento y la restauración.

11. Le Mouël, Ismaël, «La croyance selon laquelle le mérite détermine la réussite est fausse», *Le Monde*, 12 de marzo de 2021.

Pero ¿serían más tolerables estos privilegios si estuvieran distribuidos de manera aleatoria, por sorteo por ejemplo, que si resultaran sólo del nacimiento, como en el Antiguo Régimen?

Ismaël Le Mouël parece pensar que sí. Incluso va más lejos. Para él, el mérito es peligroso en el mismo sentido que el tabaquismo o la conducción en estado de ebriedad. «Cada vez más investigaciones en neurociencias demuestran que creer en la meritocracia hace a los individuos más egoístas y más susceptibles de actuar de manera discriminatoria. Por lo tanto, creer en la meritocracia no solamente es falso, también es malo para el bien común [...]. A la inversa, la investigación indica que recordar el papel de la suerte aumenta la generosidad», escribe.

El autor de estas líneas publicadas en *Le Monde* considera que él mismo se ha beneficiado de una serie de casualidades para acumular diplomas de la X (Escuela Politécnica) y la HEC (Escuela de Estudios Superiores de Comercio). Hijo de un simple trabajador, fue alumno del importante curso Dupanloup, en los barrios periféricos al oeste de París, donde su madre, sin empleo fijo, encontró trabajo como vigilante. A los siete años descubrió otro mundo, el de los jóvenes de la alta sociedad, con los que convivía antes de volver, por la noche, al minúsculo apartamento familiar. Era un alumno brillante que tuvo la suerte de encontrar profesores, sobre todo de matemáticas, que lo empujaron a ingresar en un curso preparatorio para estudiar ciencias. En ese momento ni siquiera sabía lo que era la Escuela Politécnica. Una vez admitido, descubrió a unos condiscípulos «inconscientes de su suerte», que parecían ignorar que «el azar interviene enormemente en la trayectoria de cada uno».[12]

Como Chantal Jaquet, Ismaël Le Mouël se niega a considerarse como un modelo. «Soy una excusa para ellos. Es muy cómodo para la clase dirigente decir "cuando se quiere, se puede, basta con trabajar duro". Mucha gente cree en eso, que es suficiente con esforzarse mucho para tener éxito. Yo pienso que es totalmente falso», explica. Una excusa, pues, como el árbol del éxito individual que ocultaría el bosque de la «heritocracia» dominante.

¿Qué hacer, ante estos razonamientos, con figuras inspiradoras como Charles Péguy o Albert Camus, los dos huérfanos de padre y cuyas madres tuvieron trabajos precarios, reparadora de sillas una y mujer de la limpieza la otra? Probablemente nada.

Nicolas Mathieu tampoco nació entre algodones. Creció en una ciudad suburbana del este de Francia en el seno de una familia cuya madre era contable y el padre, electromecánico. Los profesores del centro privado católico donde lo inscribieron fueron los que lo animaron a escribir. Sin embargo, al galardonado con el Premio Goncourt de 2018 por *Leurs enfants après eux (Sus hijos después de ellos)* no le gusta el mérito. Huye de él como de la peste. A la pregunta (ligeramente orientada) «¿Tiene la sensación de que le reprochan que no sirva al discurso de la meritocracia escolar?», responde:

12. Le Mouël, Ismaël, «Histoire d'un transclasse», podcast del Cercle K2, febrero de 2022.

> No sé si me lo reprochan, pero me conducen a ello diariamente. Y eso me revienta hasta un punto que no se puede ni imaginar. Me dicen: «Su actitud no es realmente muy positiva, que cada uno permanezca en su lugar, sin ninguna esperanza». Decir eso supone que la esperanza está relacionada con un ascenso social, lo cual es falso. El progreso social no es la garantía de una realización existencial. Casi todo el mundo permanece en el lugar que le corresponde y hay montones de personas felices. Pero no se soporta la idea de la reproducción, de la fijeza social, lo cual demuestra que el estado de ánimo de la gente está completamente invadido por lo que yo llamaría una ideología liberal. Se piensa que una vida de éxito es una vida marcada por el ascenso social, cuando hay muchas otras maneras de realizarse.

Este escritor, que reivindica a Flaubert y Balzac, se considera una excepción a la ley de la reproducción social. «Es una cuestión importante, la de los transclases, porque, cuanto más numerosos sean, más podrá nuestra sociedad considerarse como virtuosa», dice en la misma entrevista con un aire de remordimiento. Es decir, la movilidad social no sería un objetivo estimable, sino una especie de freno a la necesaria revolución. Y, por tanto, el mérito, una abyecta herramienta de la reacción. Precisemos que estas palabras proceden de la revista de extrema izquierda *Ballast*,[13] ferviente apoyo de Assa Traoré, musa de la lucha contra el «racismo de Estado», y de Anasse Kazib, que se dio a conocer

13. Mathieu, Nicolas, «Nommer les choses jusqu'à ce qu'elles soient insupportables», declaraciones recogidas por Laélia Véron, *Ballast*, 3 de mayo de 2021.

en 2018 como militante del sindicato SUD-Rail en la SNCF, destacó como candidato efímero a las presidenciales de 2022,[14] fue apoyado por varias cabezas de cartel del movimiento descolonial y que llamaba, después de la decapitación en plena calle del profesor Samuel Paty, a las organizaciones de izquierda a no «tragarse el anzuelo» de la unidad nacional y los valores republicanos.

Involuntariamente, el mérito debería reforzarse con esta violenta carga contra él, dirigida por ideólogos con intenciones oscuras, incluso dudosas. Y aparecer como lo que es desde la llegada de la Ilustración: un valor republicano de primer orden. Está lejos de ser así...

14. No consiguió suficiente patrocinio.

3

Críticos muy distinguidos

Michael Sandel no es cualquiera. Profesor de Filosofía Política en Harvard, es célebre en los campus del mundo entero por su famoso curso titulado «Justice». Como Chantal Jaquet, Ismaël Le Mouël y Nicolas Mathieu, este intelectual agasajado en todos los cenáculos distinguidos, puro producto de la meritocracia escolar, rechaza el mérito. Incluso lo considera el germen de la «tiranía», según el título de su libro, que ha tenido un gran éxito en Estados Unidos, pero también en Francia. Su argumentación no es demasiado diferente de las otras: puesto que la igualdad de oportunidades no existe, el mérito no es más que el contrapunto de un sistema de confiscación de los mejores estudios y los puestos de poder en el seno de la sociedad por los más privilegiados, los que poseen el capital económico, social, cultural y simbólico necesario para controlar los códigos de esta carrera mortífera.

¿Mortífera? Sí, nada menos que eso a los ojos de Sandel, que formula mucho más que una simple crítica del aumento de las desigualdades para alimentar su acusación. El filósofo de moda sigue los pasos del inventor del término *meritocracia*, Michael Young.

En 1958, éste publicó una novela distópica, *El triunfo de la meritocracia*, que pone en escena una sociedad en la que la igualdad de oportunidades está asegurada: cada uno es juzgado y promovido en función de su talento y su esfuerzo. Lo que describe es un infierno social que haría añorar el mundo feudal. Las élites, convencidas de su perfecta legitimidad, están dominadas por la arrogancia. Desprecian abiertamente a los proletarios y los marginados. ¿Acaso los relegados no deben atribuirse la culpa sólo a sí mismos de su destino miserable? Ignorados y despreciados, acaban por rebelarse en un clima de huelgas, motines y sabotajes... La ironía de la historia es terrible para Michael Young: la meritocracia, el término que había creado para suscitar el rechazo y la indignación, se había convertido a lo largo de los decenios en un valor reverenciado. Pero su gloria póstuma es inmensa, puesto que uno de los intelectuales más admirados del planeta, Michael Sandel, retoma sus tesis con entusiasmo, sobre todo, «el lado oscuro de la selección meritocrática, un mundo que concede poca dignidad a los que han sido eliminados por la selección»,[15] escribe.

Tanto para Young como para Sandel, la recompensa del talento y el esfuerzo lleva implícitos los gérmenes del populismo, la división y, finalmente, el desorden social, porque los perdedores del sistema no pueden soportar durante mu-

15. Sandel, Michael, *La tyrannie du mérite*, Albin Michel, París, 2021. Versión castellana de Albino Santos Mosquera, *La tiranía del mérito*, Debate, Barcelona, 2020.

cho tiempo el discurso según el cual «los que trabajan duro y respetan las reglas del juego merecen llegar tan lejos como su talento y sus sueños les permitan».[16] Para esta mayoría, a menudo silenciosa y a veces belicosa, la suficiencia de los vencedores es insoportable. Y su sensación de legitimidad es ilimitada, puesto que consideran que su éxito, el poder y los privilegios que los acompañan deben aplicarse sólo a ellos.

Daniel Markovits no está coronado con tantos laureles académicos como Michael Sandel, pero casi... Es profesor de Derecho en la famosa Universidad de Yale, donde estudió, además de en Oxford y en la London School of Economics. También él tiene el perfil del perfecto meritócrata. Y también él muerde la mano que le da de comer, aunque de un modo un poco diferente al de Michael Sandel. Y más original. Desarrolla su visión en un ensayo publicado en 2019, no traducido al francés, *The meritocracy trap*[17] (La trampa de la meritocracia). Según él, el incremento de las desigualdades en Estados Unidos se explica por la preeminencia que ha adquirido el valor-trabajo. Los más modestos tienen que acumular varios empleos para mantener la cabeza fuera del agua. Los más favorecidos se han convertido en esclavos bien pagados, que privilegian su actividad profesional antes que cualquier otro aspecto de su vida. Mien-

16. Ibídem.

17. Markovits, Daniel, *The meritocracy trap. How America's foundational myth feeds inequality, dismantles the middle class, and devours the elite*, Penguin Press, Londres, 2019.

tras que la aristocracia del Antiguo Régimen se caracterizaba por una existencia ociosa y obtenía sus ingresos del capital, el sistema meritocrático, por el contrario, promueve a los que trabajan más y perciben por ello unos ingresos estratosféricos. Pretenden transmitir estos privilegios a sus hijos, a los que entrenan desde la más tierna edad a adaptarse a los deseos de las universidades más importantes, punto de paso casi obligado hacia las cimas de la sociedad: inscripción en los mejores centros desde la educación preescolar, clases particulares todas las tardes, cuatro o cinco horas de deberes diarias, sesiones de *coaching* a precios prohibitivos...

En esta visión posmarxista de la dominación social, el conflicto no opone a los poseedores del capital y los trabajadores, sino que fractura el mundo profesional: por un lado, una minoría de superejecutivos bien pagados y, por el otro, el resto de los empleados, relegados a tareas mal remuneradas o condenados a la ociosidad a través del desempleo. Y el foso se hace más profundo con cada generación, puesto que los padres que no pertenecen al famoso «1 por ciento» no disponen de los códigos, ni de la red, ni de los medios financieros para mantenerse en la carrera. Pero los elegidos del sistema también son víctimas, puesto que su vida entera está dedicada a su carrera: «Los estadounidenses que trabajan más de sesenta horas a la semana declaran que les gustaría limitarse a treinta y cinco horas —escribe Daniel Markovits—. Aseguran que su trabajo interfiere en su capacidad de forjar unas relaciones sólidas con su cónyuge y sus hijos e incluso en tener una vida sexual satisfactoria. Uno de ellos se maravillaba ante los diez minutos al día que podía pasar con sus hijos. ¡Diez minutos!».[18] En cuanto al destino de estos niños, tener éxito a toda costa, se paga al precio de depresiones y trastornos de ansiedad tres veces más frecuentes que la media. Según Markovits, esta transmisión hereditaria de las aptitudes explica por qué los millonarios como Bill Gates o Mark Zuckerberg deciden privar a su descendencia de una gran parte del patrimonio que podrían transmitirle. Para ellos, el reto está en otra parte...

¿Y en Francia? A finales de noviembre de 2021, las *Entretiens de Royaumont* (Charlas de Royaumont), que cada año reúnen, en otoño, a personajes ilustres de la sociedad francesa, estaban dedicadas a la meritocracia. Entre las personalidades invitadas a expresarse, el abogado, escritor y académico François Sureau causó sensación durante su charla, que pretendía ser elegante, irónica y transgresiva:

> Recompensar a las personas a causa de su mérito es una de esas ideas diabólicas como las que a veces surgen del cerebro de los doctrinarios y cuyo resplandor falaz deslumbra a las multitudes, que ven en ello el triunfo de la igualdad cuando, al contrario, es el de la aristocracia. Por fortuna, la naturaleza se encarga de corregir esta filosofía desalentadora [...]. Tenemos a menudo el consuelo de contemplar a incapaces promovidos a los puestos más altos, asnos cargados de títulos y perezosos que se enriquecen, mientras que los currantes

18. Markovits, Daniel, «How life became an endless, terrible competition», *The Atlantic*, septiembre de 2019.

se amargan en la cadena de producción, gente doblegada bajo los honores supremos. No sabemos muy bien cómo ocurre esto: ¿por amistad, por interés, por política, por casualidad?

Este desprecio por «las multitudes» demasiado crédulas que creen en la virtud del mérito tiene un sabor desagradable en la boca de este hijo de intelectuales, que a su vez ha pasado por las mejores incubadoras de Francia, desde la educación preescolar hasta la Escuela Nacional de Administración, la ENA. A los privilegiados por nacimiento, y del capital social que éste da, a los privilegiados de la nobleza de Estado, a la que las «multitudes crédulas» —las que creen tontamente en el mérito— no pertenecen, François Sureau los conoce bien. Se ha beneficiado de ellos durante toda la vida. Alto funcionario, abogado, escritor y miembro de la Academia Francesa, no corría ningún peligro de que su talento quedara en barbecho. No parece captar la perversidad que hay en denunciar la meritocracia cuando se pertenece desde siempre a la nobleza de toga más mimada y más agasajada, por nacimiento, por los estudios, por las grandes instituciones y por la red de contactos. Su actuación ese día en la abadía de Royaumont es un poco como si el cinismo llevara del brazo al dandismo. O quizá al revés... ¿Cómo percibió su auditorio esta diatriba? «Todo el mundo se puso a reír, de lo divertido e inesperado que era», responde Jérôme Chartier, exdiputado del partido de Los Republicanos (LR) de Val-d'Oise, fundador y presidente de las Charlas de Royaumont.[19] ¡Mejor! ¡Entre privilegiados, es de buena educación mostrar alegría!

19. Entrevista del 8 de marzo de 2022.

Por lo demás, está claro que existen ejemplos de supertitulados que conducen a un país a la catástrofe. El más estrepitoso sin duda fue la concentración de cerebros que rodeaban a John Fitzgerald Kennedy y que condujeron a Estados Unidos a la guerra de Vietnam. Una tragedia que cuenta con maestría el periodista David Halberstam en su libro sobrecogedor *The best and the brightest* (Los mejores y los más brillantes), publicado en 1972.

El peligro que presenta esta uniformidad de perfil es lo que la filósofa Monique Canto-Sperber, exdirectora de la Escuela Normal Superior (ENS), expone en un libro dedicado a los estudios superiores en Francia:

> Cuando el acceso a los estudios más valorados, que garantizan títulos prestigiosos y perspectivas profesionales, condiciona un futuro con numerosas salidas y confiere en algunos casos un privilegio para toda la vida, se transforma en un recurso de poder. Cuando este último, que sólo beneficia a un pequeño número de estudiantes que presentan las mismas características socioculturales, parece transmitirse en el seno de un grupo restringido, puede constituir la base de un estado social oligárquico.[20]

Para esquivar esta dificultad, la filósofa considera que hay que ofrecer a todos los estudiantes unos estudios de calidad. Un objetivo legítimo, pero nunca alcanzado...

20. Canto-Sperber, Monique, *L'Oligarchie de l'excellence. Les meilleures études pour le plus grand nombre*, PUF, París, 2017.

Segunda parte

¿Cuestión de dinero o cuestión de época?

4

El retorno de los herederos

«No repitamos, con la cuestión de las desigualdades, el error de ceguera cometido con el medio ambiente y la inmigración en la década de 1970-1980. Las desigualdades ponen en duda el lugar de las clases medias y populares que forman la columna vertebral de nuestras sociedades. Están aplastadas entre la recuperación asiática que ha cercenado sus empleos productivos y los "vencedores" de la globalización», escribe Frédéric Salat-Baroux en un artículo publicado en *Le Monde*.[21] *Enarca* (como se le llama a un alumno o exalumno de la ENA), exsecretario general del Elíseo y, en su vida personal, esposo de Claude Chirac, deplora el carácter hereditario de nuestras sociedades, «dominadas por una ideología del éxito, tan falsa como mortífera».

Un alto funcionario de Bercy, también poco sospechoso de inclinaciones melenchonistas, despelleja el contexto eco-

21. Salat-Baroux, Frédéric, «On ne peut pas laisser se recréer une société d'héritiers en France», *Le Monde*, 24 de enero de 2022.

nómico y financiero en el que el mundo ha vivido durante más de diez años y que la oleada de inflación iniciada a partir de la primavera de 2022 acaba de interrumpir: con tipos de interés nulos, los ricos pueden hacerse todavía más ricos. Piden préstamos gratuitamente y tantos como quieren, mientras el dinero fluye a raudales y ellos pueden aportar garantías de solvencia. Ahora bien, 100 millones de euros invertidos al 5 por ciento anual en el *private equity*[22] proporcionan 5 millones de euros anuales, una cantidad muy capaz de fabricar rentistas. No es por casualidad que la mayoría de los que llamamos los nuevos emprendedores sean herederos.

El Consejo de Análisis Económico francés, del que tampoco nadie diría ser una guarida de izquierdistas, demuestra, en un estudio publicado en diciembre de 2021, que la participación de la fortuna heredada en el patrimonio total de los franceses pasó del 35 al 60 por ciento en el espacio de cincuenta años: «Después de un retroceso de las desigualdades de patrimonio y una fuerte movilidad económica y social durante la segunda mitad del siglo xx, la herencia se ha convertido de nuevo en el factor determinante en la constitución del patrimonio».[23] Esta comunicación señala «la extrema concentración del patrimonio heredado» y revela que, en Francia, país de la igualdad, «la herencia media del 0,1 por ciento superior representa alrededor de cien-

22. A menudo ejercido por fondos especializados, el oficio de *private equity*, que se podría traducir aproximadamente por «capital riesgo», consiste en adquirir una participación en una sociedad que no cotiza en Bolsa y revenderla con una plusvalía potencial.

23. Dherbécourt, Clément, *et al.*, «Repenser l'héritage», Conseil d'Analyse Économique, diciembre de 2021.

to ochenta veces la herencia mediana. En comparación, la relación entre los ingresos medios por trabajo del 0,1 por ciento superior y la mediana de los ingresos por trabajo apenas es mayor de diez». Formulado de otra manera, esto significa que la transmisión del patrimonio es dieciocho veces más desigual que la remuneración del trabajo. «¿Los hijos de los ricos en la actualidad serán necesariamente los ricos del mañana?», se preguntan los autores. Todo induce a creerlo. Este retorno de la herencia «lleva implícito el riesgo de una alteración profunda de la igualdad de oportunidades, valor cardinal de las sociedades democráticas y condición de su posibilidad de existencia a largo plazo», se inquietan. En efecto, es un navajazo en el contrato social elaborado por la Ilustración, contrato que oficializa la preeminencia del mérito sobre el nacimiento.

La participación de la herencia en el patrimonio total de los franceses se elevaba al 89 por ciento en 1910, durante la mal llamada «Belle Époque», puesto que batió en Francia todos los récords de la desigualdad. Después, esta participación disminuyó sensiblemente: 64 por ciento en 1940 y 44 en 1970. A continuación, aumentó de nuevo hasta llegar al 67 por ciento en la actualidad, más que en vísperas de la Segunda Guerra Mundial. ¡Estamos muy lejos del producto de una vida de trabajo y esfuerzo!

Este análisis confirma el que realizó el economista Thomas Piketty. En su bestseller mundial, *El capital en el siglo XXI*,[24] demuestra, basándose en datos, que la herencia está de vuelta. Es una gran indirecta contra la meritocracia.

24. Piketty, Thomas, *Le capital au XXIe siècle*, Seuil, París, 2013. Ver-

Louis Chauvel, por su parte, examina desde hace años a la clase media de Francia. Ya en 2006,[25] describía el futuro sombrío de los hijos y los nietos del *baby boom*, unas generaciones que ven cómo sus ingresos aumentan con mucha menor rapidez que durante los decenios precedentes, por el doble efecto del enlentecimiento del crecimiento y el reparto de la plusvalía cada vez más desfavorable para el trabajo, en provecho del capital. En su opinión:

> La nueva generación supertitulada, en la que los padres han tenido tendencia a otorgar esperanzas de ascenso a la altura de lo que la escala de los diplomas significaba hace ahora treinta años, se encuentra desde la infancia imbricada en una sociedad de consumo cuyos medios conserva mientras vive todavía en el domicilio parental. Pero el descubrimiento de la independencia residencial significa a menudo para esta generación un enfrentamiento brusco con duros problemas: salarios desvalorizados (sobre todo cuando se ponen en relación con los títulos), precariedad sin final a la vista, mercado inmobiliario en un gran desfase con los propios recursos económicos [...]. Por tanto, la situación es especialmente propicia para la emergencia de grandes frustraciones entre las aspiraciones a un acceso mínimo al consumo y unos medios muy inferiores. De ahí el importante riesgo de sobreendeudamiento precoz, sin punto de comparación con lo que las generaciones anteriores habían vivido.

---

sión castellana de Eliane Cazenave-Tapie, *El capital en el siglo XXI*, Fondo de Cultura Económica de España, Madrid, 2014.

25. Chauvel, Louis, *Les classes moyennes à la dérive*, Seuil, col. La République des idées, París, 2006.

Para Louis Chauvel, «este desfase es una de las explicaciones principales de los signos de anomia que se observan especialmente en la nueva generación».

No se trata sólo de una «sensación», sino de una auténtica falta de futuro para todo un grupo de la población destrozada por la «sociedad de la postabundancia». Y prosigue Chauvel:

> Hasta 1975, el crecimiento anual del salario real se situaba alrededor del 3,5 por ciento de media, lo cual aseguraba el doble del poder adquisitivo en una veintena de años. Era la seguridad de una promoción social a lo largo de toda la carrera y en todas las categorías de la sociedad, en especial para las clases populares, casi la certeza de que sus hijos se encontrarían en una situación automáticamente mejor que la suya. Desde mediados de la década de 1970, de media, el ritmo de crecimiento de los salarios es inferior al 0,5 por ciento anual, lo cual corresponde, si no a un estancamiento, a buen seguro a un alejamiento del horizonte del enriquecimiento: para doblar el salario, que no hace mucho podía conseguirse en veinte años, ahora se tardaría unos ciento cuarenta años. Evidentemente, este proceso ya no se corresponde con la escala de una vida humana y, de hecho, se vuelve muy teórico.

Louis Chauvel insiste sobre la situación de la clase media como la de la gran sacrificada:

> De manera global, el poder adquisitivo no disminuye, pero la distribución del valor entre trabajo y capital es lo que cada vez se tuerce más en favor del segundo. La gente de condición in-

termedia, que no dispone de un gran patrimonio, se enfrenta a dificultades inesperadas y a frustraciones objetivamente explicables, puesto que no se ha beneficiado mucho de las breves bonanzas del crecimiento. El discurso reinante en 1999-2001 sobre el tema de una mejoría económica inexistente tuvo un efecto perjudicial: dio la impresión de un discurso vacío, defendido por ciegos o cínicos, e incluso de una promesa no mantenida, de una mentira o de una profunda injusticia. De hecho, hay que rendirse a la evidencia: hubo claramente crecimiento, pero no para los que trabajaban en él.

El primer mandato de Emmanuel Macron condujo a una situación comparable. Hasta el aumento repentino de los precios, en la primavera de 2022, el poder adquisitivo había aumentado más que en los mandatos anteriores. Sin embargo, el presidente reelecto permanece a ojos de muchos de la clase media como el «presidente de los superricos». Para ello, bastó con que suprimiera al mismo tiempo 5 euros de ayuda personalizada a la vivienda (*aide personnalisée au logement*, APL) y el impuesto de solidaridad a la fortuna (ISF). Por otra parte, esta denominación no carece por completo de fundamento, según el Instituto de Políticas Públicas:[26] si bien el conjunto de los hogares disfrutó entre 2017 y 2022 de una disminución de las exacciones obligatorias de 24.400 millones de euros, es decir, un aumento medio del nivel de vida del 1,9 por ciento, el 5 por ciento de los más pobres tuvo que contentarse con un aumento

26. Instituto de Políticas Públicas, comunicación n.° 81: «Effets redistributifs des mesures socio-fiscales du quinquennat 2017-2022 à destination des ménages», marzo de 2022.

del 0,8 frente al 3,3 por ciento para el 1 por ciento de los más acomodados.

Por otra parte, esta fractura creciente entre salarios e ingresos del capital no es específica de Francia. En los países de la OCDE, la participación de la remuneración del trabajo en la renta nacional total pasó del 66,1 por ciento a principios de la década de 1990 al 61,7 a finales de la década de los 2000.

El retorno a un capitalismo de rentistas, como el que existía antes de la Primera Guerra Mundial, no es compatible con el respeto al mérito, que exige que el ascensor social funcione en los dos sentidos, el del ascenso, por supuesto, pero también el del descenso. Los retoños privilegiados desprovistos de talento y desanimados por el esfuerzo no pueden ni deben disponer de un sillón reservado en el seno de la clase dirigente. Es una exigencia indiscutible, a la vez en términos de moral, de cohesión social y de eficacia económica.

Ahora bien, un estudio de la OCDE presentado en 2018[27] indica que este indispensable adyuvante de la meritocracia se ha evaporado, puesto que se necesitan, en Francia, seis generaciones para que una familia pobre alcance un nivel de vida medio, frente a cinco generaciones en los países occidentales. «Ya no hay movilidad social en los países de la OCDE: los ingresos, la profesión y el nivel de educa-

27. «L'ascenseur social en panne? Comment promouvoir la mobilité sociale», Éditions OCDE, París, 2019.

ción se transmiten de una generación a otra», deploraba Gabriela Ramos, consejera especial del secretario general de la OCDE, en junio de 2018 durante la presentación del informe a la prensa. Esta constatación es especialmente cierta en los dos extremos de la escala de ingresos, donde los fenómenos de «suelos adherentes» limitan las posibilidades de ascenso social, mientras que los «techos adherentes» permiten a los mejor provistos monopolizar las oportunidades, gracias a la red familiar, el capital social, los medios financieros que permiten contratar los tutores que hagan falta, escuelas privadas carísimas y estudios en una universidad extranjera de tercera fila cuyo nombre rimbombante da el pego.

Este doble efecto de «adherencia», en el sentido casi físico del término, necesita correctivos vigorosos para resistir una fuerza de inercia temible, la del conformismo.

Frente a este triste cuadro, existen dos actitudes: atizar las brasas populistas y predicar un cambio de modelo, autoritario y discriminatorio en la extrema derecha, o autoritario también, pero igualitarista, decreciente y promotor de la «criollización» en la extrema izquierda; o considerar que si el mérito no ha tenido éxito es porque no ha recibido la suficiente ayuda. ¡Incluso ninguna ayuda en absoluto!

Es lo que piensa Frédéric Salat-Baroux: «A semejanza de lo que la Tercera República supo hacer, hay que construir auténticos centros de excelencia, que permitan llegar lo más lejos posible a todos los niños que tienen el talento y la voluntad feroz para ello. Los obstáculos son conocidos: la ausencia de control de los códigos culturales, la autocensura y la falta de medios financieros que conducen a agotarse en la multiplicación de pequeños trabajos». El antiguo colaborador cercano de Jacques Chirac aboga por «verdaderas becas al mérito, cuyo importe tiene que ascender hasta los 1.000 euros al mes». Estas becas al mérito se redujeron a la mitad durante el mandato de François Hollande, para llegar a menos de 1.000 euros... al año. Y después nunca se restablecieron a su importe inicial, ¡y todavía menos se revalorizaron!

5

La enfermera y el *trader*

El ensayista británico David Goodhart tiene un nombre muy acertado. Con la diferencia de una vocal, su apellido se traduciría por «buen corazón». Es exactamente el tema de sus investigaciones desde hace varios años. Su último libro, *Head, hand, heart* (Cabeza, mano, corazón),[28] tiene como eslogan: «Los superinteligentes deberían ser nuestros servidores, no nuestros amos». Esta frase quizá es excesiva, pero tiene la ventaja de plantear claramente los términos de una ecuación difícil, de la que depende la jerarquía de valores de nuestras sociedades: «La economía del conocimiento ha colocado la meritocracia cognitiva en el centro de la jerarquía de los estatus, y los que tenían la oportunidad de recibir un bagaje cognitivo en consecuencia pudieron desarrollarse, mientras que otros muchos tenían la sensación de haber perdido su lugar y su sentido», explica David Goodhart.

28. Goodhart, David, *Head, hand, heart. The struggle for dignity and status in the 21st Century*, Allen Lane, Londres, 2020.

El mérito, que se basa en una sutil mezcla de talento personal, esfuerzos desplegados y utilidad social, se ve innegablemente sacudido por este triunfo exclusivo de la «clase cognitiva». Una clase que no habría prosperado sin la llegada de la meritocracia, es decir, del título académico como juez de paz del lugar que cada uno ocupa en la sociedad y de la gratificación que ésta le quiera conceder. Por tanto, el mérito debe controlar a la meritocracia si quiere sobrevivir al resentimiento de los marginados de este sistema de selección.

Un graduado de la ENA ha completado una carrera escolar y universitaria destacable. ¡Bravo! Pero la mayoría de las veces, procede de un medio social y culturalmente pudiente. Es decir, para figurar de por vida en la élite de la nación, ha tenido que realizar menos esfuerzos que el hijo de un obrero para conseguir un título de técnico superior. Y no es seguro que contribuya más al interés general que dicho técnico superior. Sobre todo, contrariamente a él, nunca será realmente castigado. Con un empleo para toda la vida, puede figurar como jefe de una embajada sin tener conocimientos para ello si es diplomático, o dormitar en una oficina o incluso pasar por ella sólo de vez en cuando si está en el Tribunal de Cuentas. Y si está harto de la Administración y quiere ganar más dinero, puede darse una vuelta por el sector privado, también en este caso sin ningún riesgo, puesto que puede volver a la función pública en caso de que la aventura salga mal. ¡Para defender las virtudes del mérito, es difícil encontrar un peor ejemplo!

La epidemia de COVID-19 fue una maravillosa ocasión para recordarlo: ¿tiene un *trader* más mérito que una enfermera? Es evidente que no. Quizá ha hecho unos brillantes estudios de finanzas, pero su profesión está desprovista de cualquier utilidad social. La crisis de las *subprimes*, que tuvo lugar a finales de la década de los 2000, incluso demostró que podía dañar gravemente la prosperidad colectiva.

Sin embargo, un *trader* puede ganar de sobra más de un millón de euros al año, frente a los 30.000 euros de media de una enfermera... ¿Cómo se puede amoldar el mérito a esto?

En el seno de una misma empresa, las recompensas recibidas por cada uno (una mezcla de dinero, pero también de poder y de prestigio) también experimentan desfases cada vez más sorprendentes, sin ninguna justificación: «David Rockefeller recibía un salario de alrededor de 1,6 millones (en dólares de 2015) cuando pasó a ser presidente del Consejo de Administración del banco Chase Manhattan en 1969, lo cual equivalía a unas cincuenta veces el salario del cajero del banco. En 2020, Jamie Dimon, que dirige JPMorgan Chase, recibió una compensación de 29,5 millones de dólares, lo cual corresponde a mil veces el salario medio de un cajero en dicho banco», observa Daniel Markovits, profesor de Derecho de Yale. Y las cosas no mejoraron después. En 2021, Jamie Dimon percibió 34,5 millones de dólares... ¿Las hazañas de este inamovible banquero? El grupo que dirige fue condenado por complicidad en el caso Madoff. El banco tuvo que desembolsar la multa más grande de la historia —13.000 millones de dólares— por su responsabilidad en la crisis de las *subprimes*.

El ejemplo de la gran distribución es todavía más patente. Durante la pandemia de COVID-19, se habló muchas veces del papel de los asalariados que se encontraban en «segunda línea», justo después de los equipos médicos, sin los cuales se habría instalado el caos, entre ellos, el personal de caja de los supermercados —esencialmente mujeres—, remunerado con el SMIC (salario mínimo interprofesional de crecimiento) y a menudo sometido a jornada partida. Alexandre Bompard, presidente de Carrefour, el primer grupo de distribución francés, gana 1,5 millones al año de salario fijo desde su llegada a la empresa en 2017. Su parte variable ha evolucionado al alza, hasta llegar a 2,85 millones de euros. También disfruta de una remuneración a largo plazo (en acciones) de 4 millones de euros. Durante la asamblea general que tuvo lugar el 3 de junio de 2022 en Docks d'Aubervilliers, los sindicatos, pero también una parte de los accionistas, cuestionaron este «paquete financiero» de 8 millones de euros, aprobado sólo por un 63 por ciento, un porcentaje muy bajo en ese universo.

Los defensores de esta prodigalidad respecto al presidente esgrimen que el beneficio neto de Carrefour aumentó mucho en 2021, a más de mil millones de euros. Y que Alexandre Bompard «sólo» recibió un 0,7 por ciento de este beneficio. Sin embargo, es posible hacer otro cálculo y observar que el jefe gana alrededor de cuatrocientas veces más que la cajera. ¡Cuatrocientas veces! ¡Estamos lejos de la diferencia establecida por David Rockefeller!

Por otra parte, el razonamiento que consiste en justificar la recompensa considerable por el rendimiento financiero de la empresa adolece de una pequeña incoherencia.

Alexandre Bompard apenas se había sentado en su sillón de presidente de Carrefour en 2017 cuando el Consejo de Administración[29] ya se consideraba en condiciones de valorar su talento de directivo,[30] atribuyéndole 1.237.500 euros por cinco meses y medio de presencia, es decir, el máximo previsto por los estatutos. Una suma considerable para reconocer la «responsabilidad social de la empresa» y la «calidad de la gobernanza». Al regreso de vacaciones de 2018, Carrefour notificó el despido de 1.274 trabajadores. ¿En nombre de la «responsabilidad social»?

Por otro lado, esta gran diferencia de remuneraciones no sólo afecta a una pequeña parte de la «casta cognitiva», la de los comités ejecutivos y los consejos de administración. La jerarquía de los salarios entre un obrero y un ingeniero, en un mismo momento, se mantiene más o menos constante y no tiene nada de sorprendente. En cambio, una fracción de los supertitulados alcanza en sus pretensiones financieras a los campeones del fútbol o los cantantes de música ligera, que pertenecen al ámbito del espectáculo globalizado. Estos ganadores, cuyos méritos (las diferencias de talento, esfuerzo y contribución al interés —o a la felicidad— general) no son diferentes de los de muchos de sus competidores, arramblan con todos los beneficios. Es la dura ley de la *winner-takes-all society*, teorizada a media-

29. Tomó posesión de su cargo el 18 de julio de 2017, y el consejo de administración que fijó su remuneración se reunió el 11 de abril de 2018.

30. Como atestigua el documento de referencia de 2017, en las páginas 148 a 161.

dos de la década de 1990 por dos economistas estadounidenses, Robert Frank y Philip Cook:[31] el ganador se lo queda todo. ¿El resultado? Un universo donde el más fuerte, el más famoso, el más rico, el más mediatizado y el más conectado a una red poderosa gana por sí solo más que la totalidad de sus semejantes.

Para resolver esta contradicción, un economista de Harvard, Gregory Mankiw, ha elaborado una teoría. Este exconsejero de George W. Bush considera que es necesario recompensar a cada persona en función de su contribución a la sociedad. Según él, es normal que Steve Jobs, el fundador de Apple, J. K. Rowling, la «madre» de Harry Potter, o el productor-director cinematográfico Steven Spielberg hayan ganado fortunas, porque han aportado mucho a la sociedad (un iPhone que nos ha cambiado la vida, el primero; una serie de novelas universales, la segunda, y unas películas famosas en el mundo entero, el tercero).[32] Esta teoría filosófico-económica considera que una economía de mercado competitiva es capaz de determinar la retribución justa de cada uno, *trader* o enfermera. La historia reciente ha demostrado que no ocurre así...

El premio Nobel de Economía James Tobin, inventor de la propuesta de la tasa que lleva su nombre, ya tenía esta intuición hace más de cuarenta años: «Dedicamos cada vez más recursos, entre ellos lo más preciado de nuestra juven-

31. Frank, Robert, y Cook, Philip, *The winner-take-all society. Why the few at the top get so much than the rest of us*, Free Press, Nueva York, 1995.

32. Mankiw, Nicholas Gregory, «Defending the one percent», *Journal of Economic Perspective*, junio de 2013, <https://scholar.harvard.edu/files/mankiw/files/defending_the_one_percent.pdf>.

tud, a actividades financieras alejadas de la producción de bienes y servicios que generan remuneraciones individuales sin relación con su productividad social», advertía.[33]

Pero nada cambia, ni siquiera después de la crisis de las *subprimes*, a finales de la década de los 2000, y la de la COVID-19. «La guerra de talentos aumenta las remuneraciones en las finanzas», titulaba el diario *Les Échos* en diciembre de 2021,[34] antes de detallar: «El sector de las finanzas se orienta hacia unos beneficios récord. Capaces de disparar los bonus de los banqueros de negocios, *traders* y otros expertos en fusiones-adquisiciones. En París, como en otros lugares, los talentos están muy disputados, lo cual produce también una inflación de los salarios». «Los talentos están muy disputados»... En el momento en que se imprimían estas líneas, en los hospitales estaban asfixiados como nunca. De repente, la desconexión entre remuneración y mérito aparecía en toda su obscenidad.

«Hasta un período reciente, los caminos que conducían al éxito y al respeto eran mucho más abundantes. Existían numerosas escaleras bastante cortas, algunas de las cuales podían llevar a otras más altas. Existía una élite obrera, por ejemplo en los sindicatos», escribe David Goodhart para lamentar la emergencia de «una sola y única clase cognitiva dominante». «Era posible subir los peldaños jerárquicos, incluso sin un título superior.»

Es cierto. De la misma manera, es justo constatar que

33. Tobin, James, «On the Efficiency of the Financial System», *Lloyds Bank Review*, julio de 1984.

34. Gueugneau, Romain, y Drif, Anne, «La guerre des talents fait grimper les rémunérations dans la finance», *Les Échos*, 12 de diciembre de 2021.

los discursos oficiales sobre formación profesional, por ejemplo, están repletos de una tremenda duplicidad. En la conferencia de prensa en la que dio a conocer su programa, en marzo de 2022, el candidato Macron prometió «una revolución completa de la formación profesional». Sin embargo, el presidente Macron no podía ignorar que ya se había producido una reforma durante su mandato, que disminuyó todavía más los horarios dedicados a las disciplinas fundamentales, como las matemáticas y el francés. En su lugar, se dedicó tiempo a la realización de una «obra maestra», destinada a «dar sentido» a la formación escogida, según los términos empleados por Jean-Michel Blanquer, el ministro de Educación Nacional que lideró esta transformación. ¿Cuál es la palabra clave?: la *coenseñanza*, que instituye «una nueva manera de aprender», en la que el profesor de francés interactúa con el profesor de una asignatura profesional en lugar de enseñar los fundamentos. Una innovación inspirada por los expertos pedagogos, que el ministro defendió ante el Senado con argumentos cuando menos extraños. Para empezar, una constatación derrotista: «La realidad es que los alumnos desconectan porque no se apasionan por la asignatura». Para no verlos aburrirse, la solución más expeditiva es, en efecto, ¡dejar de intentar ofrecerles una enseñanza disciplinaria! El resultado es que la coenseñanza en francés conduce a redactar instrucciones de uso o cartas de motivación, ¡no a instruirse!

Sin embargo, elaborar un programa de enseñanza profesional de calidad no es imposible. «El sistema alemán de aprendizaje de un oficio sigue gozando de un prestigio considerable —señala David Goodhart—. Conozco familias alemanas de la clase media intelectual para las que es perfectamente normal que un hijo se coloque de aprendiz. En Alemania, prevalece la sensación de que todas las cualificaciones tienen el mismo valor, por lo menos a nivel de estatus.» Sólo hay que ser capaz de promover este enfoque...

6

El reinado irritante de la aristocracia cognitiva

Es una pregunta planteada durante la campaña presidencial de 2022: ¿por qué el joven presidente saliente suscita tanto odio? Un odio más intenso que cualquier otro de sus predecesores, aunque ninguno tuvo tanto éxito electoral como él. Entre las dos vueltas, el politólogo e historiador Pierre Rosanvallon, interrogado por France Inter, aporta una respuesta simple y luminosa: «Con Emmanuel Macron ocurre algo que no pertenece al orden de lo racional [...]. El personaje, la persona de Emmanuel Macron, encarna alguna cosa que provoca un rechazo extremadamente profundo». Según este extitular de la cátedra de Historia Política Moderna y Contemporánea del Colegio de Francia, esta aversión tiene su origen en un cierto distanciamiento del pueblo, una forma de superioridad empática: «Emmanuel Macron no tiene miedo al enfrentamiento, es una de sus cualidades. Pero intenta más convencer que escuchar. Su frase favorita y un poco mágica es: "Os lo voy a explicar"».

«Os lo voy a explicar», una frase que parece muy inocente, incluso bienintencionada, pero que recalca el océano que separa a Emmanuel Macron de los franceses que se va encontrando por casualidad en sus paseos entre la gente ordinaria, «los que no son nada», como dijo un día, una frase que se le reprochó contundentemente, y con toda la razón.

Por su actitud y por su lenguaje, este jefe de Estado exuda todo lo que el ensayista británico David Goodhart llama «la clase cognitiva»:

> En nombre de la eficacia, la justicia y el progreso, las democracias occidentales han puesto en marcha, a lo largo de los últimos decenios, sistemas competitivos en los que los más aptos tienen éxito y en los que un número demasiado grande de personas tienen la sensación de ser unos fracasados. ¿Quiénes son los más aptos? Son los que están dotados de la mayor inteligencia cognitiva o, al menos, que el sistema educativo *certifica* como tales. Una sola y única forma de las aptitudes humanas —la capacidad cognitiva analítica, es decir, el talento de aprobar los exámenes y luego de manejar datos eficazmente en la vida profesional— se ha convertido en el *patrón oro del valor humano*. Los que han recibido una parte generosa de esta capacidad al nacer forman un nuevo tipo de clase cognitiva, una élite de masas que ahora modela la sociedad y lo hace ampliamente sólo en su provecho. Para abreviar, la gente «inteligente» ha adquirido demasiado poder.[35]

David Goodhart tiene mucha razón cuando denuncia el desprecio del que son víctimas «el corazón» y la «mano».

35. Goodhart, *op. cit.*

Pero desvaría cuando llega hasta el extremo de echar de menos «los viejos tiempos», la década de 1970, durante la cual «la mayoría de la gente abandonaba la escuela sin cualificación», y la década de 1990, en la que «muchas de las personas que ocupaban puestos ejecutivos o similares no tenían ningún título de enseñanza superior». ¿Sinceramente desea este salto al pasado?

Sin embargo, hay que tomárselo en serio, porque puede dar muestras de una gran intuición sociológica. Él fue quien, hace unos años, descubrió una línea de fractura entre los *anywhere*, esas personas nómadas y tituladas que viajan y pueden vivir en cualquier lugar del planeta, y los *somewhere*, enraizados en un territorio sin la posibilidad —y a veces sin las ganas— de salir de éste...[36] Según él, la obsesión política de la movilidad social, la idea de que hay que subir peldaños y salir de la condición actual, a menudo parece percibirse como una forma de narcisismo de la clase cognitiva, que repite: «Vosotros también podéis ser como nosotros», pero que lleva implícita la idea de que las vidas ordinarias tienen menos valor que las otras.

Las políticas educativas que se aplican en Estados Unidos, Gran Bretaña o Francia desde hace decenios son muy diferentes, pero todas conducen, en efecto, a valorizar de manera casi exclusiva los éxitos universitarios. Tony Blair había proclamado alto y fuerte uno de sus objetivos como primer ministro: enviar al 50 por ciento de los estudiantes de instituto a la universidad, mientras que Jean-Pierre

36. Goodhart, David, *Les deux clans. La nouvelle fracture mondiale*, Les Arènes, París, 2020.

Chevènement, unos años antes, cuando era ministro de Educación Nacional, había decretado que era necesario conducir al 80 por ciento de un grupo de edad al nivel de bachillerato.

Sin embargo, ninguno de los dos pensó que esta promesa de emancipación se transformaría en un resentimiento hacia la «clase cognitiva», casta de titulados que monopoliza los puestos de poder y que dicta la agenda política. Es como si la apertura de la enseñanza superior hubiera producido unos efectos inversos a los que se buscaban: la frustración, la sospecha e, *in fine*, la desvalorización del mérito.

Un poco antes de David Goodhart, dos universitarios neerlandeses, Mark Bovens y Anchrit Wille, también cuestionaron la meritocracia escolar.[37] Una vez conquistado el mundo político por lo que ellos llaman la ideología meritocrática, únicamente los titulados de la enseñanza superior tienen acceso no sólo a los empleos más prestigiosos y mejor remunerados, sino también a los mandatos electivos, a pesar de que no representan en absoluto al conjunto de los electores.

Un poco después de David Goodhart, el premio Nobel de Economía británico Angus Deaton exponía como sigue las investigaciones que llevó a cabo con su esposa Anne Case sobre las «muertes por desesperación» en Estados Unidos, unas personas que se suicidan o mueren lentamente por los efectos del alcoholismo y/o el exceso de consumo de medicamentos contra el dolor que contienen opiáceos: «Existe

37. Bovens, Mark, y Wille, Anchrit, *Diploma democracy. The rise of political meritocracy*, Utrecht University School of Governance, Oxford, 2017.

una oleada creciente de sufrimientos y problemas de salud mental en Estados Unidos entre los blancos que no tienen título universitario [...] y lo que nos ha sorprendido es hasta qué punto la pobreza material tenía poco que ver con este fenómeno».[38] Si es así, según él, es porque las élites no se parecen a la sociedad a la que se supone que dirigen.

Estos intelectuales vienen de horizontes y países diferentes, pero están igualmente preocupados por el foso que se abre entre la aristocracia cognitiva y «los otros». ¿Qué otros? Los que, como describe David Goodhart, no trabajan con la cabeza, sino con las manos (los artesanos, los obreros cualificados...) o con el corazón (enfermeras, médicos, los que se dedican a servir a las personas...), y que ya no son gratificados como en el pasado, ni simbólica ni económicamente.

En Francia, es una realidad deprimente. Un estudio de la OCDE realizado en 2021[39] demuestra que Francia es uno de los países occidentales donde el personal de enfermería está peor pagado. Su remuneración media es sensiblemente inferior al salario medio. Sólo Lituania y Suiza están peor. Si se considera la evolución en el tiempo de lo que gana esta profesión, se constata, siempre según este mismo estudio, que su poder adquisitivo disminuyó ligeramente entre 2010 y 2019. La misma suerte se aplica a los profesores, que además tienen que movilizar a la vez la cabeza, la mano y el corazón.

38. Deaton, Angus, «Why is democratic capitalism failing so many? And what should we do about it?», discurso inaugural, Tri-Nuffield Conference, junio de 2019, citado por Goodhart, David, *Les Deux Clans...*, *op. cit.*

39. OCDE, *Rémunération du personnel infirmier*, Statistiques sur la santé 2021.

A esta falta de reconocimiento, se añade una crisis de representatividad. Emmanuel Macron y sus allegados no se parecen en absoluto al francés medio. De Gaulle, Pompidou, Giscard, Mitterrand, Chirac, Sarkozy y Hollande tampoco, podríamos replicar. Pero cada uno de ellos tenía sus puntos de connivencia con los ciudadanos «ordinarios». De Gaulle era a la vez un héroe y un hombre sencillo, que pagaba las facturas de la luz y las comidas de sus nietos cuando iban a comer con sus abuelos en el Elíseo. Pompidou circulaba en Porsche, pero se fotografiaba en su campiña natal, con un cigarrillo de Gitanes colgando de los labios, y nunca dejaba de recordar sus orígenes modestos, de los que estaba muy orgulloso. Giscard hizo muchos esfuerzos, a veces ridículos, por acercarse a sus súbditos, sin demasiados resultados. Pero era un político del terruño, apegado a la Auvernia, donde fue elegido. Mitterrand, terriblemente distante, encarnaba a la izquierda y el enraizamiento en la Francia profunda, tanto en el departamento de Nièvre, donde fue elegido, como en las Landas, donde se relajaba con sus asnos Marron y Noisette. ¿Y Chirac? Llegó hasta a ocultar su gran cultura, sobre todo del arte primitivo, para parecer más «popular». Sarkozy no tenía necesidad de esforzarse. Su «lárgate, gilipollas» le hizo daño, es cierto, pero también lo humanizó. Hollande, por su parte, no tenía ningún problema en ponerse el traje con el bajo arrugado de un presidente normal e incluso ordinario.

Esto en cuanto a la percepción, la «vivencia». Corresponde a una realidad. Con el paso de los decenios, sin mucho ruido, una evolución parece inexorable: los elegidos se parecen cada vez menos a sus electores, que, por otra parte, se transforman poco a poco en abstencionistas.

Los universitarios neerlandeses Mark Bovens y Anchrit Wille han hecho sus cálculos: «En la Cámara de los Comunes británica, después de las elecciones de 2015, nueve de cada diez diputados tenían títulos superiores. En el Bundestag, en 2013, el 86 por ciento de los cargos electos habían pasado por un centro de enseñanza superior [...]. En Dinamarca, Bélgica y Francia, entre el 75 y el 90 por ciento de los diputados tienen el equivalente a un título de segundo o tercer ciclo. No se debe a que actualmente todo el mundo tenga estudios, puesto que más del 70 por ciento del electorado del oeste de Europa no ha pasado del instituto».[40]

Michael Young ya lo decía en su carta abierta a Tony Blair, publicada por *The Guardian* en 2001, cuando comparaba los gabinetes de Clement Attlee, primer ministro laborista entre 1945 y 1951, y de su lejano sucesor Tony Blair: «Los dos miembros más influyentes del gabinete de Attlee eran Ernest Bevin, ministro de Asuntos Exteriores, y Herbert Morrison, número dos del Gobierno. Bevin había dejado la escuela a los once años para trabajar sucesivamente como mozo de granja, empleado de cocina, tendero ambulante y conductor de tranvía, antes de meterse en el sindicalismo. La trayectoria de Morrison es comparable en términos de profesiones, pero todavía más edificante, puesto que llegó a la cumbre partiendo de la política local».[41]

Michael Young no es un observador neutro, ni mucho menos. Militó durante toda la vida en el Partido Laborista,

40. Bovens, y Wille, *op. cit.*
41. Young, «Down with meritocracy», *op. cit.*

para el que redactó el programa de gobierno de las elecciones legislativas de 1945, que marcaron la derrota de Churchill y la victoria de Attlee...

Siempre consideró una equivocación la promesa de una escuela accesible para todos, que permitiera cada uno, del más modesto al más privilegiado, llegar hasta el final de su talento y su esfuerzo. Sin embargo, su crítica ahora parece escuchada por un número creciente... de licenciados.

7

El crepúsculo de la ambición

«El final de la ambición», anunciaba la portada de *L'Obs* el 19 de mayo de 2022, cuando Francia esperaba la composición del nuevo gobierno. ¿Casualidad del calendario? Varias mujeres, desde la responsable de los diputados socialistas, Valérie Rabault, hasta la exdirectora de gabinete de Manuel Valls en Matignon, Véronique Bédague, dieron a conocer que habían rechazado el puesto de primera ministra. Una actitud inédita cuando, durante años, todos los políticos estaban dispuestos a matar a su padre y a su madre por ese puesto. ¿Es porque ahora existen, sobre todo para las jóvenes generaciones, mil y una maneras de tener éxito en la vida o porque el concepto de mérito y, sobre todo, el de meritocracia se han diluido en el desencanto?

En cualquier caso, la trayectoria seguida por las jóvenes generaciones es menos lineal que en el pasado. Tener una buena trayectoria escolar para orientarse hacia estudios superiores de prestigio que conduzcan a un puesto gratificante en la sociedad, a una profesión apasionante y a una remuneración sustancial ya no es el único modelo que se impone.

Por otra parte, una vez terminados los estudios, muchos de los que han conseguido títulos prestigiosos se orientan hacia otros horizontes, los de la «sobriedad profesional», que aporta menos, pero deja más tiempo libre. Los directivos se pasan sin lamentarlo —al menos eso es lo que aseguran— a la permacultura o la reparación de bicicletas. Jóvenes licenciados rechazan el camino regio que se abre ante ellos. Y la multitud aplaude con entusiasmo, sobre todo en los medios de comunicación y las redes sociales. La pandemia de la COVID-19 ha acentuado todavía más el movimiento. Según un sondeo realizado por OpinionWay, un tercio de los franceses consideran que su actividad profesional perdió todo su sentido desde el primer confinamiento, en marzo de 2020.

La angustia frente a la urgencia climática hizo el resto. En la primavera de 2022, una decena de estudiantes de AgroParisTech, una de las grandes escuelas científicas más prestigiosas de Francia, interrumpieron la ceremonia de entrega de diplomas con un llamamiento a la «deserción». Para ellos, no hay que participar «en los estragos sociales y ecológicos en curso», por lo tanto, no se debe trabajar para la industria agroalimentaria o para los grupos del sector de las semillas que producen organismos vivos modificados genéticamente (OGM). El discurso estaba teñido de un trasfondo bastante denso de anticapitalismo y rabia al estilo de Greta Thunberg. Suscitó más emociones positivas en Julien Bayou y Jean-Luc Mélenchon que entre los condiscípulos de estos jóvenes «desertores», pero, de todos modos, es una señal. Quizá débil, pero una señal, al fin y al cabo.

No son los únicos que protestan contra el modelo dominante. Según las estadísticas de la DARES, una dirección del Ministerio del Trabajo francés, el número de dimisiones entre los que tienen contratos indefinidos experimenta un sensible aumento desde finales de 2020. El éxodo es mucho menos masivo que en Estados Unidos, donde 38 millones de asalariados abandonaron su empleo en 2021. El fenómeno ha alcanzado tal punto que ahora tiene un nombre: *The BigQuit* o la Gran Dimisión.

Además, surge una nueva literatura, a ambos lados del Atlántico, a propósito de estos cambios de existencia, que ofrecen testimonios y consejos a los que quieren tener éxito en la vida de otra manera. Céline Alix, exabogada especializada en fusiones y adquisiciones en un gran bufete anglosajón, se ha lanzado a la traducción jurídica y ha escrito *Merci mais non merci*,[42] un libro que analiza los atajos tomados por las mujeres a las que no tienta la carrera a cualquier precio.

Ya a mediados de la década de los 2000, un antropólogo estadounidense desarrolló un concepto que dio la vuelta al mundo occidental, el del *bullshit job*, que se puede traducir como «trabajo de mierda». No habla de las profesiones ingratas en las que se pensaría espontáneamente, como basurero, operario de almacén, personal de mantenimiento o empleado de pompas fúnebres. No, la toma con em-

42. Alix, Céline, *Merci mais non merci. Comment les femmes redessinent la réussite sociale*, Payot, París, 2021.

pleos tan inútiles como bien remunerados, con títulos a menudo pomposos e incomprensibles, que pululan por los sectores del marketing, la comunicación, las finanzas o los recursos humanos: *happiness manager* o *compliance officer*, encargado de hacer respetar la ética en un banco del que, por otra parte, se sabe que presta poca atención a la actividad real de sus clientes, siempre que dispongan de una cartera bien provista. «Se observa una relación inversa entre el valor social de un empleo y la remuneración que se obtiene», explicaba el antropólogo en una entrevista a *Le Monde* con motivo de la publicación de su libro *Bullshit jobs* en francés.[43] «Es cierto para todos los trabajos relacionados con el cuidado de las personas (excepto los médicos). Estos empleos generan una especie de "celos morales", es decir, un resentimiento frente a las actividades que denotan una mayor elevación moral. Es como si toda la sociedad pensara: las enfermeras y los maestros tienen la suerte de ser importantes para la vida de los demás, ¡no van a reclamar además que se les pague bien!»

Unos años más tarde, un joven periodista y activista francoalemán, Nicolas Kayser-Bril, rindió homenaje a David Graeber, fallecido en 2020, cuya observación prolongó en un ensayo titulado *Imposture à temps complet. Pourquoi les bullshit jobs envahissent le monde*.[44] Saltó la chispa en su mente cuando trabajaba para una agencia de desarrollo, en la que su misión consistía en formar «multiplicadores de

43. David Graeber: «Los *bullshit jobs* se han multiplicado de manera exponencial estos últimos decenios», declaraciones recogidas por Marie Charrel, *Le Monde*, 11 de septiembre de 2018.

44. Éditions du Faubourg, París, 2022.

periodismo de datos» gracias al método del *blended learning* («aprendizaje híbrido»). Cuando preguntó de qué se trataba, ninguno de los «dirigentes» fue capaz de responderle de manera precisa.

Pagar a precio de oro estos *bullshit jobs* evidentemente es un lujo de país rico. Pero también es un síntoma de una sociedad que ha roto con los valores de progreso y de utilidad social que la han sostenido durante doscientos años.

Por otra parte, desde hace unos años, el progreso técnico, a pesar de las apariencias, disminuye su ritmo. En un libro publicado en 2011,[45] el genetista molecular estadounidense Jan Vijg proponía un «indicador de intensidad de la innovación», que se basa en los cientos de descubrimientos que produjeron una ruptura en la forma de vida desde los inicios de la revolución industrial, en el siglo XIX. Su conclusión fue que los niveles más elevados de creatividad se alcanzaron a principios de la década de 1960. Actualmente, su indicador ha caído al mismo nivel que a principios del siglo XX, con una innovación importante cada cinco años de media, frente a más de una al año hasta mediados de la década de 1980. El empresario de Silicon Valley y cofundador de PayPal, Peter Thiel, autor de un libro de prospectiva,[46] recuerda así la decepción colectiva ante lo que el progreso tecnológico nos podía ofrecer: «Queríamos coches voladores y nos dieron ciento cuarenta caracte-

45. Vijg, Jan, *The American Technological Challenge. Stagnation and Decline in the 21st Century*, Algora Publishing, Nueva York, 2011.

46. Thiel, Peter, *De zéro à un. Comment construire le futur*, Jean-Claude Lattès, París, 2016. Versión castellana de María Maestro Cuadrado, *De cero a uno. Cómo inventar el futuro*, Gestión 2000, Barcelona, 2019.

res».[47] Según él, «la vida es más agradable y disponemos de más cosas para consumir, pero la velocidad del progreso material se ha ralentizado».

¿Cómo puede el mérito encontrar su lugar en este universo? Inventar el TGV, el tren de alta velocidad francés, era, para un ingeniero, una tarea estimulante, que daba un sentido tanto a los brillantes estudios efectuados como a las horas de trabajo pasadas en ese proyecto. ¡Todo lo contrario de un *bullshit job*! En la actualidad, el futuro radiante de la superación tecnológica parece muy lejos. En una gran empresa de consultoría estadounidense de la que se habló mucho en la actualidad política francesa durante la campaña presidencial de 2022, la contratación de jóvenes talentos supertitulados ya no es lo que era a mediados de la década de 1970. En aquella época, todo el mundo soñaba con trabajar en dicha institución, que se vivía como un club, o quizá como una secta de la excelencia. Varios cientos de miles de candidatos llamaban a su puerta cada año. El tamiz era muy fino, incluso en Francia, y casi todos los candidatos admitidos aceptaban la propuesta de contratación que se les hacía. Hoy, sólo el 70 por ciento firma el contrato que se le presenta, aunque sea jugoso. Y una parte de los admitidos finalmente renuncian a hacer carrera en ese sector al cabo de unos meses, porque se aburren o porque trabajan doce horas al día o más en expedientes que les parecen carentes de sentido y no se corresponden con sus aspiraciones profundas. ¡En ese marco, resulta difícil que el concepto de mérito compense!

47. Ciento cuarenta caracteres es la longitud máxima autorizada por Twitter (ahora X), aumentada después a doscientos ochenta caracteres.

Por el contrario, en el hospital o en las aulas de clase la idea de salario por mérito se acepta mal. A veces, muy mal. El personal sanitario ya no soporta perder el tiempo rellenando archivos de Excel[48] como exige su administración en lugar de dedicarse a los enfermos que tiene bajo su responsabilidad. Algunos médicos de urgencias conservan un recuerdo casi nostálgico de los meses en los que su servicio estaba sobrecargado debido a la COVID-19, porque la dirección del hospital ya no les pedía que rellenaran ningún formulario. En aquel momento excepcional, no era cuestión de perder el tiempo con el lado *bullshit* de su trabajo. Pero la naturaleza burocrática volvió al galope. Evidentemente, es incompatible con la propia idea de mérito.

En cuanto a los profesores, Emmanuel Macron les prometió, durante la campaña presidencial de 2022, aumentos sustanciales de su remuneración si aceptaban efectuar tareas suplementarias y se implicaban más en su misión educativa, una idea sacada de un comunicado del Tribunal de Cuentas publicado en diciembre de 2021. Para la institución que controla las finanzas públicas, es necesario «revalorizar unas misiones en la actualidad insuficientemente reconocidas y consideradas, así como la implicación de los profesores más comprometidos en el apoyo a sus alumnos», si se quiere sacar al sistema escolar francés de la mediocridad en la que se ha instalado. En efecto, indica el Tribunal, «a pesar de un gasto nacional en educación superior a la media de la OCDE, la eficacia del sistema escolar fran-

48. Sobre este tema, se puede leer el excelente libro de Bernard Granger, *Excel m'a tuer. L'hôpital fracassé*, Odile Jacob, París, 2022.

cés tiende a degradarse, en especial para los jóvenes procedentes de medios desfavorecidos». Es totalmente exacto. Pero ¿cómo prometer el respeto al mérito en lo que los concierne, cuando los profesores ven cada día que el ministerio del que dependen no respeta ese valor? ¿Cómo creer que ese contrato se cumplirá, cuando, durante cinco años, durante todo su primer mandato, Emmanuel Macron y su gobierno, en especial los ministros de Educación Nacional, Jean-Michel Blanquer, y de Enseñanza Superior e Investigación, Frédérique Vidal, no dedicaron ni una pizca de energía ni de tiempo a restablecer, para los bachilleres de origen modesto, las becas al mérito reducidas a la mitad por Najat Vallaud-Belkacem?

En eso ha quedado el mérito, empleado en todo tipo de discursos y peroratas, en una referencia que se considera desvirtuada, superada, ¡incluso engañosa!

Tercera parte

Traiciones en serie

8

Una idea que viene de lejos

Era tan sencillo al principio, cuando empezó la república, con sus húsares y sus esperanzas de emancipación para todos. Libertad, igualdad y fraternidad: libertad de ir tan lejos como nuestro talento y nuestro esfuerzo nos lo permitan; igualdad de oportunidades que no se basa ni en el nacimiento ni en el dinero; fraternidad entre aquellas y aquellos a quienes les gusta el trabajo bien hecho, y que se esfuerzan a la vez por su emancipación personal y por su contribución al interés general. Así que el mérito era muy sencillo al principio. Al menos en la imaginación colectiva.

Es una idea procedente de la Ilustración, de Voltaire y Beaumarchais. Voltaire, en 1726, la esgrimió delante del caballero de Rohan-Chabot. Este noble, celoso del éxito que tuvo el filósofo con Adrienne Lecouvreur, se burló de él una noche en el camerino de la actriz, en la Comédie-Française, en un tono de lo más desdeñoso, porque no tenía «nombre» (es decir, carecía de la partícula «de»). «Yo empiezo el mío, usted termina el suyo», le replicó el autor de *Zadig*.

Medio siglo después, Beaumarchais, en *Las bodas de Fígaro*, comedia estrenada en 1784 en el teatro del Odeón, puso en boca del famoso criado, en un discurso dirigido al conde de Almaviva, todo lo malo que ve en la transmisión de los privilegios de padre a hijo: «¡Porque sois un gran señor os creéis un gran genio! ¡Nobleza, fortuna, un rango, plazas, todo esto os hace sentir muy orgulloso! ¿Qué habéis hecho para tantos bienes? Os habéis tomado la molestia de nacer y nada más [...]. Mientras que yo, ¡diantre!, perdido entre la multitud oscura, he tenido que desplegar más ciencia y cálculos sólo para subsistir que los que se han necesitado en cien años para gobernar todas las Españas». Montesquieu, por su parte, escribió en sus *Pensamientos* esta frase que sigue siendo de actualidad: «Cuando se trata de obtener los honores, se rema con el mérito personal y se navega a toda vela con el nacimiento».

La superioridad del talento y el esfuerzo sobre el nacimiento y el linaje se impuso en el siglo XVIII. Pero la idea venía de más lejos todavía. De Platón, que consideraba evidente que la justicia política «atribuya más a la persona de mayor mérito y menos a la de menor mérito, dando a una y a la otra las partes apropiadas a la naturaleza que le es propia». Y de Aristóteles, que, aunque suavizaba esta supremacía de los «filósofos reyes», no dejó de proclamar el «derecho de los mejores».[49]

49. Se puede consultar a este respecto el excelente libro de Adrien Louis, *Les meilleurs n'auront pas le pouvoir. Une enquête à partir d'Aristote, Pascal et Tocqueville*, PUF, París, 2021.

Pero la Ilustración fue la que acabó con más de un milenio de asignación al medio de origen. Hasta entonces, el nacimiento decidía el lugar que se ocupaba en la sociedad, dividida en tres estados: la nobleza, el clero y el resto, designado con el nombre de «tercer estado». El destino de este último era trabajar y enriquecer a los otros dos a través del impuesto. No se podía escapar a la voluntad divina, aplicada por la tutela monárquica.

Por supuesto, la nación necesitaba dirigentes, que intentaba extraer del pueblo desde hacía tiempo. En el año 789, Carlomagno exigió «que se establezcan escuelas para la instrucción de los niños, que en cada monasterio se enseñen los salmos, las notas, el canto, el cómputo,[50] la gramática y que se disponga de libros bien corregidos».[51] Pero dicha instrucción tenía un objetivo limitado: permitir que cada uno de sus beneficiarios, esencialmente clérigos, sirviera al poder con lealtad y donde se encontrase. Los papas que se sucedieron durante la Edad Media no tenían una visión distinta de las cosas: pedían a los fieles que no alterasen el orden establecido. Esta conminación persistió hasta la Revolución. A la aristocracia, con algunas excepciones, como Molière, Vauban o Lully, talentos promovidos por Luis XIV, sólo se accedía por nacimiento. El único mérito reconocido era el de la nobleza heredada. Esta desesperante inercia de la sociedad fue lo que eliminó la Revolución francesa.

Los privilegios fueron abolidos la noche del 4 de agos-

50. Cálculo del calendario de las fiestas móviles.
51. Capitular de 789, *Admonitio generalis* (exhortación general).

to de 1789. Después, la Constitución de la Primera República reafirmó esta postura en la Declaración de los Derechos del Hombre y del Ciudadano a modo de preámbulo: «Todos los ciudadanos son igualmente admisibles en los empleos públicos. Los pueblos libres no reconocen otros motivos de preferencia, en sus elecciones, que las virtudes y el talento».

Sólo faltaba poner en práctica esta magnífica proclamación. Hasta la Revolución, casi la totalidad de los empleos públicos se atribuían no con el criterio de la competencia, sino en función del linaje del solicitante y del humor del rey. La venalidad de los cargos y los oficios, desde los magistrados hasta los notarios, los convertía en ingresos y patrimonio que se transmitían de padres a hijos. Existían al menos 50.000 empleos públicos de este tipo durante el reinado de Luis XVI.

En cuanto a la instrucción pública, bajo el Antiguo Régimen, era la prerrogativa de una ínfima minoría. La universidad se asoció desde su creación, en el siglo XIII, a la transmisión de los conocimientos, pero también de los privilegios. Para cambiar este orden de cosas, la Convención tomó una decisión cuando menos radical: suprimirla pura y simplemente en septiembre de 1793. Las facultades no estuvieron en funcionamiento hasta un siglo más tarde, cuando la Tercera República reabrió sus puertas a todos los bachilleres, en ese momento muy poco numerosos, es cierto.

Para paliar esta pérdida, se aceleró a finales del siglo XVIII la creación de las grandes escuelas, iniciada en los últimos años de la monarquía. La Escuela Politécnica se fundó en 1794, el mismo año que la Escuela Normal Superior, el Conservatorio Nacional de Artes y Oficios, y la Escuela Especial de Lenguas Orientales (actualmente llamada Inalco). El año siguiente surgieron las «escuelas centrales», con vocación generalista, y las «escuelas especiales», más dedicadas al aprendizaje de conocimientos técnicos. La Escuela Central de Artes y Manufacturas vio la luz en 1829.

Napoleón, por su parte, diseñó los primeros contornos de la meritocracia escolar que emergerá en el siglo xx, con la creación de los institutos en 1802. Cuarenta y cinco centros de secundaria se encargaron, en toda Francia, de formar a las élites de la nación. Sin embargo, estas élites no procedían de todos los estratos, ni de lejos, puesto que los estudios eran de pago. Los gastos de escolarización correspondían aproximadamente al salario anual de un obrero. Para asegurarse de no dejar de lado a un «genio oculto» entre la plebe, se concedían becas a algunos alumnos que lo merecían, aunque muy pocos procedían del proletariado. Básicamente, a Napoleón no le preocupaba en absoluto la enseñanza escolar; su objetivo consistía en formar a los dirigentes de un país moderno, no poner en marcha la instrucción para todos o instaurar la igualdad de oportunidades.

Después, el mérito se convirtió poco a poco en un valor que parecía una evidencia y que cohesionaba a la sociedad, a cada uno según sus esfuerzos y su talento. El propio Guizot celebraba sus bondades en 1821:

> Ningún artificio debe alterar, en el orden social, el movimiento de ascenso o de decadencia de los individuos. Las superioridades naturales y las preeminencias sociales no de-

> ben recibir ningún apoyo artificial de la ley. Los ciudadanos deben depender sólo de su propio mérito, de sus propias fuerzas; es necesario que cada uno pueda, por sí mismo, convertirse en todo lo que puede ser y no encuentre en las instituciones ni obstáculos que le impidan elevarse, si es capaz, ni ayudas que lo mantengan en una situación superior, si no puede mantenerse.[52]

Guizot fue, en 1833, el origen de la primera ley que instituyó la escuela primaria para los niños varones.

El acceso a las grandes escuelas dependía de un concurso, en teoría abierto a todos. Solamente en teoría, porque la escuela no era ni gratuita ni obligatoria en ese momento. Pasó a serlo gracias a Jules Ferry. Sin embargo, contrariamente a lo que se cree, este gran republicano tampoco llevó el espíritu de la reforma hasta la igualdad de oportunidades. El mérito, quizá, pero siempre que cada uno pudiese mantenerse en su lugar: «No vengo a predicar una especie de nivelación absoluta de las condiciones sociales que suprimiría en la sociedad las relaciones de mando y obediencia. No, no las suprimo, las modifico», proclamó el futuro ministro de Instrucción Pública, entonces diputado en París, en la sala Molière del Palacio Borbón, donde pronunció un discurso destacable sobre la igualdad de educación. A su lado, el filósofo Ferdinand Buisson, director de Enseñanza Primaria, puso en marcha las reformas para que la mayor parte de la gente dominase la lengua francesa.

52. Guizot, François, *Des moyens de gouvernement et d'opposition dans l'état actuel de la France*, Belin, París, 1998.

Jean Zay, ministro de Educación Nacional en el gobierno del Frente Popular a los treinta y dos años, asesinado por la milicia la víspera de su cuarenta aniversario el verano de 1944, fue su digno heredero. Como él, el joven y talentoso reformador se preocupaba menos de la igualdad de oportunidades en sentido estricto que de la imperiosa necesidad para la República de permitir que los mejores, los más trabajadores y los más inteligentes sirviesen a la patria, y no reservar este privilegio a los más favorecidos.

El Consejo Nacional de la Resistencia (CNR) fue el emisor del manifiesto más brillante en favor del mérito y la igualdad de oportunidades. La carta que hizo pública el 15 de marzo de 1944 exigía que se pusiese en marcha «la posibilidad efectiva para todos los niños franceses de beneficiarse de la instrucción y acceder a la cultura más desarrollada, sea cual sea la situación de fortuna de sus padres, para que las funciones más altas sean realmente accesibles a todos los que tengan la capacidad requerida para ejercerlas y, de esta forma, se promueva una élite verdadera, no de nacimiento, sino de mérito, y constantemente renovada mediante aportaciones populares».

Antes de Jules Ferry, antes de Ferdinand Buisson, antes de Jean Zay, antes del CNR, Condorcet había convertido el mérito en un instrumento de emancipación y concordia social. La instrucción pública debía paliar las desigualdades de condición y destino, colmadas gracias al mérito: «Generosos amigos de la igualdad y la libertad, reuníos para conseguir del poder público una instrucción que dicte la razón popular o temed perder pronto todos los frutos de vuestros nobles esfuerzos. No penséis que las leyes mejor planificadas puedan igualar a un ignorante con un hombre apto y liberar al que es esclavo de los prejuicios [...]. No debemos preferir solamente a los que han demostrado facilidad, sino a los que han añadido aplicación, un carácter optimista y las buenas cualidades de su edad», escribía el filósofo[53] en 1791, en una asombrosa prefiguración de lo que sería la escuela laica y republicana. El talento, el esfuerzo y el espíritu público: así enunció los tres ingredientes principales del mérito. Pero el gran sueño unificador de Condorcet tropezó con la dura realidad. Los alumnos y estudiantes meritorios procedentes de un medio modesto con demasiada frecuencia seguían estando confinados, a pesar de la atribución creciente de becas, en lugares de menor calidad.

Los que alcanzaban el éxito se veían como «excepciones consoladoras», según los términos empleados en 1910 por Ferdinand Buisson, a pesar de ser el gran arquitecto del edificio escolar y defensor encarnizado del mérito.[54] A principios del siglo xx, esas excepciones se consideraban con lucidez como una minoría, una especie de excusa para la reproducción social que continuaba prosperando.

Émile-Auguste Chartier, más conocido con el seudónimo de Alain, fue uno de ellos. Nacido en Mortagne-au-Perche en una familia que actualmente se calificaría de «disfuncional», el futuro filósofo y autor de los famosos *Propos*[55]

53. Condorcet, Nicolas de, *Cinq mémoires sur l'instruction publique*, Garnier-Flammarion, París, 1994. Versión castellana de Tomás del Amo Martín, *Cinco memorias sobre la instrucción pública y otros escritos*, Morata, Madrid, 2001.

54. Citado por Paul Pasquali en *Héritocratie. Les élites, les grandes écoles et les mésaventures du mérite (1870-2020)*, Éditions La Découverte, París, 2021.

55. Alain, *Propos*, Gallimard, Bibliothèque de la Pléiade, París, 1956.

recibió una beca para estudiar en el instituto de Alençon. Era un alumno brillante y trabajador, e ingresó en la Escuela Normal Superior de la calle de Ulm en 1889. Este ferviente republicano no habría podido seguir esa trayectoria de excelencia sin la ayuda de las instituciones públicas. En 1910, aunque enseñaba desde hacía un año en la clase de preparación para la Escuela Normal Superior en el instituto Henri-IV de París, lamentaba en una de sus «declaraciones» que la sociedad eligiera a «ciertos genios y a cierto número de talentos superiores», a los que transformaba en «una aristocracia de espíritu». No creía que las becas, los concursos abiertos a todos y la escuela republicana garantizasen la igualdad de oportunidades. Reclamaba la instrucción de todos y no la distinción de algunos, y describía con una pluma ácida el sistema del que él mismo se había beneficiado:

> Elegimos a algunos genios y a cierto número de talentos superiores; los pulimos, les colocamos el sello de calidad, los mezclamos confortablemente y los convertimos en una aristocracia de espíritu que se alía con la otra y gobierna tiránicamente en nombre de la igualdad, ¡admirable igualdad, que se lo da todo a los que ya tienen mucho! Según mi idea, habría que actuar de manera muy diferente. Instruir al pueblo entero; ceder a la miopía, a la lentitud mental, aguijonear la pereza, despertar a toda costa a los que duermen y mostrar más alegría por un pequeño campesino modestamente aseado que por un elegante matemático que se eleva con vuelo seguro hasta la cumbre de la Escuela Politécnica. Según esto, todo el esfuerzo de los poderes públicos debería emplearse

en instruir a las masas en todos los sentidos, en lugar de hacer brillar algunos picos magníficos, algunos reyes nacidos del pueblo que le confieren un aspecto de justicia a la desigualdad.

¡Una denuncia terrible!

9

Una palabra trampa

Es lo primero que me dijo un profesor de filosofía de la Sorbona que conozco y aprecio desde hace largo tiempo cuando le hablé del tema de este libro: «¿El mérito? Es una palabra trampa, un poco como islamofobia, porque tiene una connotación no forzosamente ideológica, sino moral. Refiere a la idea de esfuerzo, de aplicación, de resolución con que se valora a un individuo, a veces erróneamente. Yo soy catedrático y nunca he tenido la sensación de serlo por mérito. He tenido la suerte de nacer en una familia de intelectuales, en la que tanto la lectura como el estudio estaban muy valorados». Y este universitario, muy alejado tanto de los movimientos *woke* como del marxismo mal digerido, concluye: «Habría que encontrar otra palabra».

¿Otra palabra? ¡Ésta ya es muy camaleónica y permite que cada uno le atribuya o encuentre en ella lo que necesita! Otro filósofo, Yves Michaud, escribe al respecto:

> Cuando hoy se habla de mérito y de excelencia, de selección por mérito, de reclutamiento o de promoción por mérito, no

> se tiene en mente la relación de las buenas acciones del fiel —sus méritos— con la Gracia divina o los méritos morales y las virtudes que exigen el respeto de una persona, sino la idea de que los individuos son responsables de su suerte a través de sus esfuerzos y sus rendimientos. El mérito es lo contrario a los estatus heredados y los privilegios por nacimiento que determinan de una vez por todas las esperanzas de los individuos.[56]

En efecto, el hecho de que sea más fácil de definir por lo que no es resulta una de las vueltas y revueltas semánticas del mérito. Lo opuesto a la herencia, por ejemplo. O el antídoto de la aristocracia de nacimiento. Pero esto no es suficiente.

Ya en 1990, el sociólogo François Bourricaud hablaba de la dificultad que representa examinar en detalle este concepto: «Intentar definir el mérito es meterse en un proceso complejo y sinuoso, a causa a la vez de los puntos oscuros del concepto y de las dificultades de su realización institucional».[57] El mérito, precisaba, «tiene dos dimensiones: la competencia específica y, al mismo tiempo, la entrega al bien común». El segundo término de esta definición se ha ido olvidando poco a poco, lo cual no deja de tener importancia en el frenesí antimérito que existe hoy.

¡Sin embargo, este valor ha recorrido un largo camino! Refiere espontáneamente a la literatura de la Ilustración y

56. Michaud, Yves, *Qu'est-ce que le mérite?*, François Bourin Éditions, París, 2009.

57. Bourricaud, François, «Les antinomies du mérite», *Études*, octubre de 1990.

a los primeros textos de la Revolución francesa. Pero se puede encontrar el rastro del mérito mucho más lejos en el pasado. *Meritum*, en latín, es la ganancia. El dinero, la moneda, el salario que se obtiene como contrapartida por un esfuerzo. Por lo tanto, el mérito, en su dimensión etimológica, necesita al menos dos personas, aunque sea individual. No puede existir sin un intercambio, una expectativa de otro. En latín, de nuevo, *merere* concierne a la soldada entregada a los militares. *Laudem mereri*, dice César a sus hombres, dignos de alabanzas por su valor y su lealtad.

El mérito también es un concepto teológico que genera interpretaciones complejas e incluso contradictorias. Fue muy cuestionado por Lutero y después por Calvino cuando reprochaban a los católicos que se entregasen al comercio de las indulgencias. Una práctica que hace pensar que se puede comprar a Dios para acceder al reino de los cielos. En su gran libro publicado en 1536, *Institución de la religión cristiana*, Calvino resumía su visión en unas palabras: «Creer es un don, no un mérito».

Sin embargo, algunos autores católicos lo rehabilitaron, como Bossuet, que respondía a los protestantes a su manera en 1655 en su *Réfutation du catéchisme du Sr Paul Ferry, ministre de la religion prétendue réformée*: «Mérito de condigno, derecho sobre la herencia celestial que pertenece al verdadero fiel que ha perseverado hasta el final en la fe, que actúa por la caridad y por este medio ha cumplido la ley en la medida de esta vida»,[58] escribía.

58. Bossuet, Jacques Bénigne, *Réfutation du catéchisme du Sr Paul Ferry, ministre de la religion prétendue réformée*, Hachette/BNF, París, 2017.

En *La ética protestante y el espíritu del capitalismo*,[59] una obra publicada en 1905, el economista y sociólogo alemán Max Weber hacía una especie de síntesis que puede resumirse así: el mérito existe y es razonable valorarlo, pero en ningún caso puede dar acceso a la trascendencia.

Esta conclusión (provisional) por desgracia no lo soluciona todo, ni de lejos. Porque el mérito, en una sociedad moderna, necesita un adyuvante: la igualdad de oportunidades alabada por el ideal revolucionario y desdeñada después. En el siglo XIX, los sansimonianos, que querían apoyar el progreso científico y a la vez completar la Revolución francesa, fueron los primeros que vincularon la cuestión de la meritocracia y la de la igualdad de oportunidades. Para ello, preconizaban la supresión de la herencia y un acceso para todos a la misma trayectoria escolar. Incluso fueron más lejos y recuperaron una propuesta revolucionaria enunciada en 1794: crear «casas de igualdad» para acoger a todos los niños de cinco a doce años con el fin de apartarlos de su familia e incitarlos a desarrollar sus «capacidades naturales» lejos de cualquier influencia de su medio de origen. Según ellos, para poder eliminar realmente todos los privilegios de nacimiento, era necesario apartar a los niños de su familia... Esta visión un poco espantosa del futuro resplandeciente nunca se pondría en práctica, pero todavía inspira las políticas públicas, como atestigua la creación de

59. Versión castellana de Luis Legaz Lacambra, Península, Barcelona, 2013.

los «internados de excelencia» durante el mandato de Nicolas Sarkozy.[60] Una iniciativa que, por desgracia, ha fracasado.

Pero éstos no son todos los problemas del mérito. En efecto, ¿qué designa? ¿Las capacidades personales de cada individuo, los esfuerzos que despliega o más bien su utilidad social, su contribución al bien público? El general De Gaulle compartía esta confusión cuando creó, en 1963, la Orden Nacional del Mérito contra la opinión de su primer ministro, Georges Pompidou. Su inspiración provenía de la historia militar, que el general conocía perfectamente. Durante siglos y hasta Napoleón, destacar en el campo de batalla era una de las pocas opciones que permitían salir de la propia condición social. Los que lo conseguían eran recompensados con la Orden Real y Militar de San Luis, creada por Luis XIV en 1693, «sean las que sean sus condiciones de nacimiento»: «La virtud, el mérito y los servicios prestados con distinción en nuestros ejércitos serán los únicos requisitos para entrar», estipulaba el reglamento. Sin embargo, la gran mayoría de los receptores procedían de las filas de la nobleza.[61]

De Gaulle señalaba también una particularidad a menudo ignorada del mérito: no es una cualidad que se pueda atri-

60. Véase el capítulo 16.

61. Citado en el Cahier de la XVIII edición de las *Entretiens de Royaumont*, dedicadas a la meritocracia.

buir uno mismo, tiene que ser reconocida por los demás. Durante las elecciones legislativas, a finales de 1962, felicitó entre las dos vueltas a aquellos de sus ministros que se habían enfrentado con éxito al sufragio universal. Es el caso de Alain Peyrefitte. «Entonces, en Provins, todo fue bien, ya se ha terminado», decía el jefe del Estado a su ministro delegado para los repatriados. «¡Oh, mi general, no tengo ningún mérito! Le debo a usted al menos la mitad de mis votos», respondió el interesado, convencido de dar muestras de una gran modestia. «Me mira con desdén en silencio. Su mirada severa evidentemente significa: "¿La mitad? ¡Querrá decir la totalidad!". Me sentí como un memo», contaba Alain Peyrefitte unos años más tarde.[62] De todas formas, se convirtió en ministro de Educación Nacional, un puesto en el que oscilaría entre dos visiones del mérito y de su primer vector, la escuela.

62. Peyrefitte, Alain, *C'était de Gaulle*, tomo 1, «La France redevient la France», Éditions de Fallois/Fayard, París, 1994.

10

El final de la promesa escolar

El vivo debate entre las dos visiones de la escuela no data de ayer, sino de la Ilustración. Condorcet, pionero de la reflexión sobre la escuela, ya enunciaba en 1790 dos concepciones irreconciliables: «La instrucción tiene por objeto transmitir conocimientos y cultivar la razón; la educación, por su parte, tiene la misión de transmitir no sólo "verdades de hecho y de cálculo", sino también "opiniones políticas, morales y religiosas"».[63] Se decantó sin vacilación por la instrucción, que eleva y desarrolla el espíritu crítico, contra la educación, que formatea las mentes y modela los comportamientos.

La educación nacional, en Francia, hace varias décadas que se aleja de esta concepción. Prefiere valorizar las «competencias» y las «habilidades sociales», en lugar de los conocimientos. El resultado es implacable: la escuela,

63. Condorcet, *Premier Mémoire sur l'instruction publique*, Fayard, Mille et une nuits, París, 2002.

que debía compensar las desigualdades de destino, no deja de acentuarlas. Un ministro de Educación Nacional de derechas, llamado François Fillon, ensalzó en 2005 estas «competencias» con la creación de una base común[64] de competencias y conocimientos. Para ser justos, el presidente Jacques Chirac fue quien lo invitó con vehemencia a hacerlo. En cualquier caso, desde entonces, la situación se ha degradado: potenciar las «habilidades sociales» sirve de tapadera al fracaso de la instrucción para todos. En su informe sobre la educación publicado en septiembre de 2021,[65] la OCDE felicitaba a Francia por haber dejado las escuelas abiertas más tiempo durante la epidemia de COVID-19. Pero la organización internacional, que elabora las famosas pruebas PISA sobre los conocimientos de los alumnos de quince años en todos sus países miembros, señala el carácter desigual del sistema escolar francés: el 35 por ciento de los alumnos desfavorecidos tienen dificultades, frente al 7 por ciento de los más privilegiados.

La Dirección de Evaluación, Prospectiva y Rendimiento del Ministerio de Educación Nacional francés (DEPP) publica regularmente estudios sobre esta cuestión, a cuál más desolador. Por ejemplo, en 2018, el 93,7 por ciento de los alumnos cuya madre tenía un título de enseñanza superior aprobaban el bachillerato, frente a sólo el 58,1 por ciento de aquellos cuya madre no tenía ningún título, un tercio de los hijos de obreros no cualificados y menos de un hijo de cada cuatro de padres

64. Es uno de los elementos principales de la ley de orientación y programa para el futuro de la escuela (ley Fillon) de 23 de abril de 2005.

65. «Regards sur l'éducation 2021 – Les indicateurs de l'OCDE», Éditions OCDE, París.

desempleados. Los expertos están de acuerdo en situar el retroceso a principios de la década de 1990. Y continuó después.

«Entre 1976 y 2004, se perdieron setecientas horas de enseñanza del francés entre el curso preparatorio (6-7 años) y el tercero (14-15 años)», deplora Christophe Kerrero,[66] el rector de París. ¡Setecientas horas! ¿Cómo se puede pensar que esta pérdida haya podido beneficiar a los más frágiles socialmente? Es evidente que ocurrió lo contrario y algunas cifras aportan claridad a la larga demostración sobre las desigualdades de destino que perduran en el país de la meritocracia: el 76 por ciento de los hijos de directivos o de profesiones intermedias continúan hacia estudios superiores, frente al 48 por ciento de los hijos de obreros o de empleados. Y, al final, los resultados todavía son más deprimentes: el 67 por ciento de los hijos de directivos obtienen un título de enseñanza superior al menos equivalente al máster, frente a sólo el 16 por ciento de los hijos de obreros.

Este ostracismo conduce, según la Conferencia de las Grandes Escuelas (CGE), a privarse de los potenciales talentos del 80 por ciento de la población. ¿Es aceptable? No, respondió hace más de diez años la misma CGE en un libro blanco dedicado a la apertura social.[67] Y no sólo por una imperiosa cuestión moral, sino porque los efectivos de las clases favorecidas solos no serán suficientes para responder a las ofertas de empleo cualificado, centradas en la innovación y la creatividad, que necesitará el país en los próximos decenios.

66. Entrevista del 30 de marzo de 2022.

67. Dardelet, Chantal, «Ouverture sociale des grandes écoles – Livre blanc des pratiques – Premiers résultats et perspectives», 2010.

Desde hace diez años, varias medidas pretenden restaurar una parte de la equidad y luchar contra el fenómeno de autocensura que penaliza a los más modestos, sobre todo para acceder a la enseñanza superior. El 10 por ciento de los bachilleres más brillantes de cada instituto tienen derecho de acceso a los programas selectivos, como las clases preparatorias para las grandes instituciones. Un dispositivo que afecta en teoría a 40.000 estudiantes de instituto cada año, pero del que, en realidad, sólo se aprovechan unos cientos de ellos.

Otra innovación consiste en invitar a los IUT (institutos universitarios de tecnología), que tienen la potestad de otorgar títulos de calificación, a reclutar más ampliamente en los sectores tecnológicos y profesionales, aunque no se les impone ninguna cuota. El resultado es que los bachilleres procedentes de los estudios generales siempre son ampliamente mayoritarios en estos centros trampolín. Según las estadísticas publicadas por el Ministerio de Educación Nacional, representaban el 65 por ciento de los efectivos de los IUT en 2019, frente al 68,3 en 2009. Al mismo tiempo, la participación de los titulares de un bachillerato tecnológico pasó del 29,6 por ciento al 33,5, mientras que la de los bachilleratos profesionales bajaba del 2,1 por ciento al 1,5.[68] ¡Insignificante para cambiar la situación!

Para empeorar las cosas, a las desigualdades sociales se suman las desigualdades territoriales. Por ejemplo, una reciente misión informativa del Senado sobre la igualdad de oportunidades, efectuada por una diputada socialista, rin-

68. Véase: <https://publication.enseignementsup-recherche.gouv.fr/eesr/FR/T739/les_nouveaux_bacheliers_et_leur_entree_dans_les_filieres_de_l_enseignement_superieur/>.

dió homenaje al desdoblamiento de clases del curso preparatorio (CP, 6-7 años) y del curso elemental primero (CE1, 7-8 años) puesto en marcha por el ministro de Educación Nacional Jean-Michel Blanquer, por orden formal de Emmanuel Macron, en las escuelas situadas en la REP (red de educación prioritaria) y en la REP+, es decir, en los barrios difíciles, un dispositivo que necesitó la contratación de más de mil profesores en 2021. Sin embargo, esta misión

> [...] lamenta que éste sólo afecte a la educación prioritaria, por lo tanto, en su mayoría a los barrios de la política de la ciudad (QPV). La dicotomía entre prioritario y no prioritario no debe ser perjudicial para los otros centros, con el riesgo de efectos de umbral demasiado importantes y que conduzcan a excluir a centros en los que el desdoblamiento sería necesario, a la vista de los resultados de los alumnos. Es el caso especialmente de algunas ciudades pequeñas, no afectadas por el desdoblamiento, que gozaban del dispositivo «más maestros que clases» al prever la designación de un maestro suplementario a algunas escuelas. La interrupción de esta medida en 2017, en provecho del desdoblamiento en educación prioritaria, privó a las zonas rurales de un dispositivo eficaz. El desdoblamiento no debe hacerse en detrimento de otros territorios, para no crear una distorsión de medios perjudiciales en primer lugar en las ciudades sin QPV y en los territorios rurales.[69]

69. «L'égalité des chances, jalon des politiques de jeunesse», *Rapport d'information n.° 848 (2020-2021)*, de Monique Lubin, en nombre de la MI Égalité des chances, registrado el 23 de septiembre de 2021.

En suma, una vez más, se desnudó a un santo para vestir a otro...

Evidentemente, el fracaso de la promesa escolar tiene repercusiones sobre la vida profesional. Según el informe de la OCDE sobre la educación, los que no disponen de un título equivalente al bachillerato tienen una tasa de desempleo dos veces superior a los que han podido obtener la valiosa llave hacia la enseñanza superior.

Las Charlas de Royaumont dedicadas en 2021 a la meritocracia suscitaron múltiples testimonios sobre la importancia del mérito en la imaginación colectiva, incluida la participación de personalidades que no habían coleccionado títulos. «Cuando vives en las afueras, cuando vives en un pueblo pequeño, en medio de la nada, les puedo asegurar que la frase "¡Crea en sus sueños y trabaje para hacerlos realidad!" adquiere todo su sentido», asegura el animador de radio y productor de televisión Sébastien Cauet. «La meritocracia es, de entrada, una convicción personal que propulsa hacia lo alto», dice el sumiller Éric Beaumard. «Hay que poder explicar a los jóvenes que es necesario tener ganas, que no hay sólo que dejarse llevar, que hay que trabajar y conseguir los medios para hacer realidad lo que se desea», recomienda el director general de la gendarmería nacional, Christian Rodriguez.

Pero la realidad está ahí, y es menos estimulante: el 50 por ciento de los hijos de directivos y profesionales liberales llegan también a estas categorías, frente al 9 por ciento de los hijos de obreros y empleados no cualificados. Además, según los datos del INSEE referentes a la generación de 1970 en la región de Auvernia-Ródano-Alpes, un titulado de la enseñanza superior tiene más posibilidades de seguir una trayectoria ascendente (37 por ciento) que un bachiller (32 por ciento) y todavía más que uno sin título (26 por ciento).

Ahora bien, el destino universitario o profesional se sella muy pronto. Según el Instituto de Políticas Públicas (IPP), un niño procedente de un medio muy modesto tiene veinticinco veces menos posibilidades de entrar en una gran escuela que pertenezca al «Top 10». Y más de la mitad de este abismo puede explicarse por las diferencias de rendimiento observadas desde tercero (14-15 años).

¿De quién es la culpa? ¿Del mérito, presentado por sus detractores como un falso amigo de la emancipación? Pero ¿es realmente culpable este eterno sospechoso?

11

Los estragos del pensamiento de 1968

¿Se criticaría el mérito en la actualidad de la misma manera si el Mayo del 68, y el pensamiento posmarxista que surgió de él, no hubieran tenido lugar? Amplia cuestión que, en realidad, sobrepasa los límites de esta obra y corresponde, como dice el filósofo Marcel Gauchet, a «un movimiento general que afecta al conjunto de las sociedades occidentales». Según él, «el Mayo del 68 al final sólo fue la versión francesa de la entrada en esta mutación que trastornó a la vez la economía, las relaciones sociales y las instituciones, empezando por la familia».[70]

Los pensadores que lo encarnan en Francia son Jacques Derrida, Michel Foucault y, sobre todo, Pierre Bourdieu, que contribuyó a deconstruir la idea del mérito a través de

70. Comentario recogido por Nicolas Truong, «La pensée de 68 est-elle épuisée?», *Le Monde*, 28 de julio de 2015.

su filosofía de la reproducción. Le debemos a su enfoque sociológico la condena de la cultura clásica, considerada como el vector de una distinción de clase. Como señala Marcel Gauchet, esta crítica

> [...] condujo a la llegada al poder de las matemáticas como un instrumento legítimo de clasificación de las personas. Dado que las matemáticas recurren a la simple lógica del razonamiento, se supone que son socialmente neutras y no implican ninguna connivencia cultural de clase. La experiencia nos ha demostrado exactamente lo contrario. Las matemáticas son un instrumento de selección social todavía más despiadado que la cultura humanista. Los problemas a los que se enfrenta el sistema escolar en la actualidad son esencialmente fruto de la individualización de la sociedad, la de las familias y la de los alumnos, un fenómeno ante el que la teoría de Bourdieu nos deja desarmados. En resumen, nos encontramos ante una tabla de análisis inoperante. Ha tenido virtudes, pero cuando se convierte en una forma de dogma, es un desastre y es necesario retomar las cosas con unas nuevas bases.

Pero la lectura, a menudo fragmentada, incompleta y mal comprendida, de *Les Héritiers*,[71] *La Reproduction*[72] o

71. Bourdieu, Pierre, y Passeron, Jean-Claude, *Les Héritiers*, Éditions de Minuit, col. Le sens commun, París, 1964. Versión castellana de Marcos Mayer, *Los herederos. Los estudiantes y la cultura*, Clave Intelectual, Madrid, 2021.

72. Bourdieu, Pierre, y Passeron, Jean-Claude, *La Reproduction*, Éditions de Minuit, col. Le sens commun, París, 1970. Versión castellana, *La reproducción. Elementos para una teoría del sistema de enseñanza*, Popular, Madrid, 2001.

La Distinction[73] no permite extraer todas las consecuencias de las imposturas y los fallos que marcaron la democratización de la escuela. Es cierto que, en la década de 1960 y todavía en la actualidad, el acceso a la enseñanza superior, y en especial a las grandes escuelas más exigentes, se correlaciona demasiado con el origen social. Pero los remedios que encontraron los discípulos de Bourdieu, como el cuestionamiento de la transmisión de los conocimientos, se han mostrado peores que la enfermedad. Las clasificaciones, las notas y la selección quizá son «estigmatizantes», pero resultan inevitables, en un momento u otro de toda trayectoria escolar, a menos que se decida sortear qué estudiantes se admitirán en el doctorado.

La puesta en práctica de una «pedagogía abierta», inspirada en el relativismo, postula que estudiar en una clase de instituto las instrucciones de una lavadora —ejemplo verídico— es tan enriquecedor como sumergirse en *Papá Goriot* o *La princesa de Clèves*. Esta creencia sólo causa estragos en los más desfavorecidos, en esos alumnos que no encuentran, en casa, los recursos culturales y la ayuda necesarios para compensar el gran vacío de lo que aprenden en clase.

El elitismo republicano, motor del ascensor social, empezó a renquear cuando los sociólogos de la educación, tras los pasos de Pierre Bourdieu y Jean-Claude Passeron, sacaron a la luz la importancia del estatus social de las familias

73. Bourdieu, Pierre, *La Distinction. Critique sociale du jugement*, Éditions de Minuit, col. Le sens commun, París, 1979. Versión castellana de María del Carmen Ruiz Elvira Hidalgo, *La distinción. Criterios y bases sociales del gusto*, Taurus, Madrid, 1998.

en el éxito escolar de sus hijos. ¿Debe el buen alumno sus laureles a su talento y a sus esfuerzos personales o, por el contrario, al medio en el que evoluciona y a sus padres, que le proporcionan todos los factores del éxito y los estímulos para el conocimiento de los códigos indispensables para no perderse en el embrollo de la enseñanza secundaria y superior?

Los discípulos de Bourdieu zanjaron la cuestión: «La reproducción de las desigualdades instila el veneno lento de la desconfianza, el pesimismo y el resentimiento en una sociedad que continúa defendiendo los valores de una meritocracia en la que nadie puede creer», se subleva uno de ellos, el sociólogo Camille Peugny, en un libro sobre la juventud publicado en 2022.[74]

En 2018, en la revista *Le Débat*, Hugues Draelants, profesor de Sociología en la Universidad de Lovaina, aporta la visión contraria a esta crítica. Considera que los alumnos de Bourdieu superaron al maestro en su rechazo del mérito:

> Como usuario puntual de Twitter, me veo sorprendido regularmente por el hecho de que cuando las palabras *mérito* o *meritocracia* aparecen en un hilo, es habitual que alguien replique que la meritocracia no es más que un discurso utilizado por los dominantes para legitimar su dominación y niegue la propia existencia del mérito. El defensor de este argumento suele apoyar sus palabras invocando la «sociología» o, con mayor frecuencia, jugando la carta Pierre Bourdieu, baza úl-

74. Peugny, Camille, *Pour une politique de la jeunesse*, Seuil, col. La République des idées, París, 2022.

tima que cierra el debate. Se remite al interlocutor a sus preciados estudios: si ignora que la meritocracia no es más que un mito y el mérito, una ilusión, ¡que se vaya a leer a Bourdieu!

Este sociólogo se disgusta por esta manera de utilizar la «carta Pierre Bourdieu» en todos los compartimentos del juego, en las redes sociales, pero también en los cenáculos universitarios:

> Esta vulgata sociológica sería relativamente insignificante si se limitara a las discusiones en línea, una de cuyas características conocidas es la polarización de las opiniones y la simplificación del pensamiento, pero, por desgracia, este discurso también lo esgrimen los profesores-investigadores en sociología de la educación en las columnas de los principales periódicos. Al hacerlo, la crítica sociológica se endurece, pasa de la demostración de la imperfección del mérito a la denuncia del mérito como principio, que ahora se presenta habitualmente como algo ficticio y, por lo tanto, debería abandonarse como horizonte regulador.

¡En efecto, ése es todo el problema!

Según Hugues Draelants, Bourdieu presenta, en realidad, una crítica de la meritocracia más moderada de lo que parece. Un punto de vista vigorizante pero minoritario. No son muchos, en el ámbito intelectual, los que piensan así o al menos los que se atreven a decirlo en voz alta.

Uno de los libros más caricaturescos publicados estos diez últimos años a propósito del mérito lleva la firma de un graduado de la ENA y un antiguo alumno del Instituto de Estudios Políticos de París. Durante el día, David Guilbaud es consejero refrendario del Tribunal de Cuentas, uno de los dos grandes cuerpos del Estado francés que la reforma de la alta función pública no ha eliminado. Por la noche, o en sus horas libres, se empeña en morder la mano que lo ha educado y que ahora lo alimenta, la del sistema meritocrático a la francesa.

Este joven treintañero, hijo de la clase media provinciana, escribe «desde el punto de vista del antiguo estudiante que ha visto lo cruel que es esta selección, tanto para los que son rechazados como para los que no tienen la posibilidad de presentarse, y que lo es todo excepto objetiva y justa».[75] Ha sacado de su itinerario y de sus lecturas una obra titulada *L'illusion méritocratique*, en la que cita no menos de 103 veces el nombre de Pierre Bourdieu, cuyo magisterio póstumo se ejerce en cualquier momento a lo largo de la lectura.

Por otra parte, la lectura de algunas de sus páginas es muy graciosa, como las que relatan la pobreza de las enseñanzas dispensadas en el Instituto de Estudios Políticos o en la ENA, o las que describen a los marquesitos de la calle Saint-Guillaume[76] con todo su narcisismo arrogante. Pero el conjunto se basa en la puesta en perspectiva de los trabajos del gran sociólogo altermundialista y de sus discípulos. Este altísimo funcionario, salido de la ENA entre los primeros, ya que pudo elegir el Tribunal de Cuentas, va muy muy

75. Guilbaud, David, *L'illusion méritocratique*, Odile Jacob, París, 2018.

76. Sede del Instituto de Estudios Políticos de París.

lejos en su denuncia del mérito. Lo que deplora, en realidad, no es el inmovilismo social. No, parece desear la destrucción pura y simple del ascensor social, porque, según él, los dispositivos meritocráticos destinados a los más modestos «intentan arrancar a los estudiantes de instituto de su medio social».[77] Por lo tanto, ¿es mejor dejar actuar al determinismo vigente en tiempos de Jacquou le Croquant?

David Guilbaud, por otra parte, tiene mucha razón al señalar que la educación nacional, lejos de corregir las desigualdades sociales, económicas y culturales, las acentúa, aunque sólo sea «dando más a los que más tienen». Por ejemplo, los profesores más experimentados, y los más capaces de transmitir los conocimientos, enseñan la mayoría de las veces en las escuelas del centro urbano, donde se concentran los alumnos más favorecidos. Pero omite precisar que la trampa hacia el fracaso en que se ha convertido la escuela en Francia le debe mucho a las ideas popularizadas por Pierre Bourdieu y sus semejantes. Bajo su influencia, la enseñanza de la cultura clásica se considera sospechosa de todos los males: permitir a los «dominantes» que perpetúen sus privilegios y excluir a los «dominados» de la excelencia escolar. La clase magistral se ha vuelto impía, el estudio «de memoria» es una falta de gusto y el estudio de los textos, un insulto al progreso social. La moda ha consagrado la «remediación», la «autoevaluación», la «apertura al mundo», la «descompartimentación» y la «transversalidad».

Todo un aparato casi litúrgico que debía acompañar a la «masificación» de la enseñanza. Durante decenios, el clero

77. Guilbaud, *op. cit.*

que recita estos versículos inspirados en el estructuralismo ha podido apoyarse en responsables políticos de izquierdas, pero también de derechas, demasiado preocupados por su popularidad para no ceder a la demagogia... Qué le vamos a hacer si la promesa escolar se traicionó mucho tiempo atrás. En caso de problemas, bastará con pretender que, si la revolución no ha tenido éxito, es porque no ha ido lo suficientemente lejos...

Cuarta parte

Los pretextos

12

La buena excusa de la masificación

A partir de la década de 1960-1970, las tesis de Bourdieu tuvieron un formidable eco en los medios educativos y hasta en las cumbres del Estado. Es cierto que encontraron un extraordinario campo de experimentación en la escuela primaria y secundaria.

Una de las grandes tareas que asumió De Gaulle durante su presidencia, continuada durante decenios, es la de la «masificación». En 1959, la escolarización pasó a ser obligatoria hasta los dieciséis años, en lugar de los catorce anteriores. Sin embargo, al finalizar la escuela primaria, persistían varios programas, desde el *petit lycée* hasta el colegio de enseñanza técnica, pasando por el de enseñanza general. Pero la idea común consistía en orientar a los alumnos en función de su mérito y no de su origen social, como se hacía hasta entonces: el instituto desde sexto (11-12 años) hasta el último curso (17-18 años) para los más favorecidos, los «cursos complementarios» de la enseñanza primaria o colocarse de aprendiz para los demás. Sólo la identificación, por parte de un profesor de primaria, de un alumno con talento de origen modesto podía alterar el orden de las cosas.

Después, dieciséis años más tarde, la ley Haby, votada durante el mandato de Valéry Giscard d'Estaing, instauró el «colegio único» (primer ciclo de secundaria), que se hizo realidad en el curso iniciado en 1977. Con mucha rapidez, aparecieron los problemas planteados por la heterogeneidad de los alumnos y el aumento de los comportamientos incívicos en los centros. Durante los años siguientes, y hasta la actualidad, los informes se sucedieron al mismo ritmo que los ministros para remediar estas dificultades. Ninguno propuso suprimir el colegio único: sería renunciar a la democratización de la enseñanza secundaria. Mientras los padres más avezados utilizaban todo tipo de estratagemas para evitar la inscripción de sus hijos en los lugares relegados, aquellos donde enseñan los profesores menos experimentados y donde se supone que aprenden los alumnos más alejados de la transmisión de los conocimientos, los sumos sacerdotes de la pedagogía se lo pasaban en grande. Según ellos, es necesario adaptarse a estos «nuevos públicos», que es mejor engatusar con *Astérix* en clase de francés o, si no hay más remedio, con textos blandengues de la literatura juvenil, en lugar de estudiando *Rojo y negro* o *El retrato de Dorian Gray*. Y privilegiar, desde la escuela primaria, las actividades de estimulación relacionadas con la gramática o las matemáticas.

Era la gran época del aprendizaje de la lectura por el método global en detrimento de la competencia silábica, demasiado clásica. Perdurará hasta la década de 2010. Los niños cuyos padres estaban menos implicados en la escuela se sometieron. Los demás aprendían por la noche, gracias a los esfuerzos de sus familias, lo que no les habían enseñado durante la jornada de clase. Los primeros que se alegraron fueron los editores de manuales escolares. Tenían frente a ellos un doble mercado: los maestros, que compraban en grandes cantidades los que se basaban en el método global —altamente discriminatorio—, y los padres, que invertían en los manuales basados en el viejo y buen abecé. Esta situación sólo podía reforzar las desigualdades iniciales, pero ¿a quién podía preocuparle? Sin duda, no a los guardianes del templo pedagógico, poseídos por su confusa ciencia y su buena conciencia de izquierdas, nunca escasa en recursos. Por lo tanto, para restablecer la igualdad, era necesario que los niños procedentes de medios favorecidos no pudieran encontrar, por la noche, con qué llenar sus lagunas en casa. Esos Pol Pot de poca monta se inventaron entonces, entre otros hallazgos, la «unidad didáctica». Se trataba de dejar de enseñar la gramática, la ortografía, la sintaxis y la conjugación, y abordar diferentes temáticas a través de los escritos más diversos, que van desde las instrucciones de uso de un objeto doméstico hasta un libro, pasando por un eslogan publicitario. Los alumnos debían identificar la «situación de enunciación» entre «enunciador» y «enunciatario», eventualmente en el marco de «talleres participativos», durante los cuales estaba permitido inventarse neologismos...

¿Que eso seguía sin funcionar? Pues encontraron una nueva respuesta para justificar su gran odisea hacia la nada: ¡todo el mundo se equivoca; en realidad, el nivel sube!

El nivel educativo sube es el título de un libro que tuvo

cierto éxito a finales de la década de 1980.[78] Su tesis era simple: contrariamente a las apariencias, la escuela no está zozobrando, ¡muy al contrario! Sus autores, alimentados con marxismo mientras pasaron por la Escuela Normal Superior, con su profesor fetiche a la cabeza, Louis Althusser, aseguraban que «la edad de oro en la que la escuela primaria habría conseguido enseñar a la totalidad de un grupo de edad los conocimientos fundamentales que les permitieran dominar perfectamente el uso y la comprensión de la escritura nunca existió». Es decir, no había razón para preocuparse. Por el contrario, los dos sociólogos se alegraban de que un joven de cada dos accediera a la universidad, frente a sólo el 21 por ciento de los franceses nacidos a principios de la década de 1960, sin examinar el contexto de aprendizaje y sus resultados. Diez años más tarde, se reafirmaron con otra obra, a la vez que se afligían por el carácter no igualitario de la escuela francesa. Sin embargo, en ningún momento pusieron en duda los métodos delirantes entonces valorados en los treinta y dos IUFM (Institutos Universitarios de Formación de Profesores) de Francia, donde los futuros profesores aprendían tanto a convertir al alumno en productor de su propio saber, como a transmitir los fundamentos de la lectura, la escritura y el cálculo. Es cierto que, en 2013, el nombre de estos centros cambió, pero no los formadores que causaban estragos en ellos...

La duplicidad institucional creció todavía un poco más

78. Baudelot, Christian, y Establet, Roger, *Le niveau monte. Réfutation d'une vieille idée concernant la prétendue décadence de nos écoles*, Seuil, París, 1989. Versión castellana de Guillermo Solana, *El nivel educativo sube*, Morata, Madrid, 1998.

a partir de que, en 1985, el ministro de Educación Nacional, Jean-Pierre Chevènement, lanzó el objetivo, *a priori* loable, de que «el 80 por ciento de un grupo de edad adquiera el nivel de bachillerato». Para alcanzarlo lo antes posible, la ley instauró un tercer programa en el instituto. A los bachilleratos general y tecnológico, ahora se añadía el bachillerato profesional, preparado en los institutos del mismo nombre. En realidad, era un reciclaje de una vieja idea. Se maquillaron los antiguos CET (colegios de enseñanza técnica caídos en desuso después de la instauración del colegio único) y pasaron a llamarse «institutos profesionales». Con este truco de magia, los efectivos se dispararon. Y el objetivo fijado por Jean-Pierre Chevènement en 1985 se alcanzó e incluso se superó en 2012: el 85 por ciento de un grupo de edad alcanzó el nivel de bachillerato, frente al 79 por ciento del año anterior. Se pusieron a salvo las apariencias, a pesar de que sólo un tercio de los efectivos terminó el instituto con un título de bachillerato general bajo el brazo. Y qué se la va a hacer si en el programa profesional menos del 20 por ciento de los alumnos tenían padres directivos, profesores o de profesiones intermedias, frente a más del 40 por ciento en las vías general y tecnológica... Pero cuando era ministro de Educación Nacional, Jean-Michel Blanquer no racaneó, al menos en el vocabulario. Tenía la ambición de crear unos «Harvard del profesional». Sobre el terreno, los profesores eran un tanto escépticos a propósito de esta denominación rimbombante, pero sobre todo constataron que las horas dedicadas a los aprendizajes fundamentales no habían dejado de disminuir con el paso de los años.

En el programa general, algunos profesores también denunciaron en vano la gran tomadura de pelo de los cruces entre diferentes asignaturas, destinados a atenuar el peso de la transmisión de los conocimientos en la evaluación de los alumnos en provecho de su «estimulación». Así que Jack Lang creó los IDD, o «itinerarios de descubrimiento», en 2002, para las clases de quinto y cuarto (12-14 años), a razón de dos horas a la semana. Se trataba de «descompartimentar», como explicaba doctamente una circular a los rectores: «Basados al menos en dos disciplinas, dan lugar a la realización de una producción individual o colectiva».[79] La «producción» en cuestión podía ser una imitación de pergamino (para los que decidían cruzar historia y literatura, o historia y lenguas antiguas), un cartel (para los que preferían concentrarse en la ecología mezclando la biología con la geografía), un *collage* para los entusiastas de las artes plásticas o incluso una animación musical. La lista de las posibilidades era tan larga que acabó por incluir todo el catálogo de los pasatiempos creativos. Y durante ese tiempo, los alumnos de primer ciclo de secundaria no estudiaban ni matemáticas ni gramática... Esta innovación, como mínimo dudosa, dio lugar a unos trabajos universitarios elogiosos sobre las «nuevas reglas impuestas al funcionamiento escolar» que resultaban de ella, trabajos cuyo registro léxico parece digno de las *Preciosas ridículas*. Ejemplo:

> Los IDD son instancias de constitución de estas nuevas reglas de adquisición y apropiación e incluso de incorporación por parte de los alumnos. En efecto, las investigaciones, especial-

79. Circular n.º 2002-160 del 2 de agosto de 2002.

> mente en sociología de las organizaciones, indican que los sujetos no sólo prescriben o aplican estas normas, sino que participan plenamente en su existencia. Si bien este dispositivo de enseñanza-aprendizaje es dirigido por nuevas normas de procesos y sugiere nuevas conductas de los profesores y los alumnos, no por ello las dicta. La puesta en marcha de los IDD es, pues, susceptible de inducir en los alumnos cambios de actitud respecto a los aprendizajes y los contenidos enseñados.[80]

Los IDD acabaron por desaparecer, pero renacieron con otra forma, un poco más tarde, bajo la varita mágica de Najat Vallaud-Belkacem. La ministra de Educación Nacional nombrada en 2014 no se contentó con querer suprimir las becas al mérito para los estudiantes modestos, también preparó una reforma del primer ciclo de secundaria, que se basaba en los mismos supuestos: sobre todo, no dar a los alumnos de talento y trabajadores los medios de abrirse camino hacia la excelencia. ¿Los IDD demostraron su ineptitud? ¡Llegan las EPI, sus indignas sucesoras! EPI viene de «enseñanza práctica interdisciplinaria». Se dirigen a todos los alumnos de primer ciclo de secundaria, involucran al menos dos disciplinas, «se basan en un enfoque de proyecto y conducen a una obra concreta, individual o colectiva».

80. Nathalie Magneron y Joël Lebeaume, respectivamente profesores de didáctica y ciencias de la educación, proceden a este análisis maravillado de los IDD en el número 39 de la revista *Sater*, publicada por la Escuela Normal Superior de Lyon, con el dudoso título: «Les élèves et les itinéraires de découverte: entre temps extraordinaire et postures moins ordinaires» (Los alumnos y los itinerarios de descubrimiento: entre tiempo extraordinario y posturas menos ordinarias).

Las matemáticas y el deporte permiten realizar un «carné de entrenamiento personalizado de medio fondo»; las artes plásticas y la tecnología, representar «las torres de gran altura de las grandes ciudades»; el francés y el deporte, mover el cuerpo en función de las emociones literarias y construir así una «novela-foto» a partir de una coreografía colectiva...

Recordemos que, durante este tiempo, los resultados obtenidos en lectura y matemáticas por los estudiantes no dejaban de deteriorarse, según la encuesta PISA efectuada por la OCDE... El veredicto de TIMSS,[81] que compara cada cuatro años el rendimiento de los alumnos de CM1 (9-10 años) y de cuarto (13-14 años) de varias decenas de países, también es grave. En 2019, los alumnos de CM1 franceses, con una puntuación de 485 puntos en matemáticas, estaban muy por debajo de la media de los países tanto de la Unión Europea (527) como de la OCDE (529). ¡Una diferencia que representa más o menos un año de enseñanza! Era un nuevo descenso con respecto a la anterior comparación de 2015, que ya se consideró catastrófica. Y este desplome no sólo afectaba a los que abandonaban los estudios. También afectaba a los mejores alumnos. Sólo el 3 por ciento de los escolares franceses llegaban al nivel «avanzado» en matemáticas, frente al 9 por ciento de media en Europa. En cuarto (13-14 años), el abismo era todavía más profundo: el 2 por ciento de los colegiales franceses obtuvo una puntuación muy buena, frente al 11 por ciento en el conjunto de la Unión Europea; el 17 por ciento fue conside-

81. *Trends in International Mathematics and Science Study.*

rado de nivel elevado, frente a una media europea del 34 por ciento.

Durante su estancia en el Ministerio de Educación, Najat Vallaud-Belkacem la emprendió también contra los centros educativos de excelencia, sospechosos de acoger sólo a los hijos de burgueses o de profesores, en suma, a todos los que pueden, de una manera o de otra, beneficiarse de una especie de delito de «iniciado» escolar. La ministra pretendía suprimir las clases bilingües, cuyo número ascendía a 3.000 en Francia, todas bien aceptadas por las familias. Como con las becas al mérito, se vio obligada a soltar lastre frente al clamor conjunto de los padres y los profesores de lenguas. Así que, en enero de 2016, presentó una nueva versión de su proyecto, en la que se descubría que es mejor vivir en París o en Marsella (donde se mantuvieron la gran mayoría de las clases) que en Lyon (donde dos terceras partes de éstas corrían peligro de desaparecer). No hay quien lo entienda...

La reforma del primer ciclo de secundaria de 2015 suprimía también las horas de latín y de griego como materias disciplinarias. Proponía integrar las lenguas y culturas antiguas en algunas EPI, en las que los profesores no tenían ni el tiempo ni la posibilidad de impartir una enseñanza seria. En su lugar, «latín para todos» en clase de francés, en la que de vez en cuando se proponía el estudio de «elementos lingüísticos y culturales», ¡algo ya previsto en los programas desde 2008! ¡Pero no importa! Tampoco importaban, al parecer, los trabajos realizados en el propio Ministerio de Educación Nacional. En el momento en que la reforma del primer ciclo de secundaria se cargaba las lenguas antiguas, la Dirección de Evaluación, Prospectiva y Rendimiento (DEPP) elaboraba un estudio[82] muy interesante. Demostraba que la enseñanza del latín, en los centros desfavorecidos, actuaba como un acelerador de igualdad. Al observar el destino de 35.000 jóvenes que entraron en sexto (11-12 años) en 2007, los dos autores descubrieron que el éxito en los exámenes de los alumnos que habían estudiado latín procedentes de una familia modesta era un 21,5 por ciento superior en el examen de primer ciclo de secundaria y un 23 por ciento superior en el de bachillerato al de sus compañeros que no lo habían estudiado. Para los hijos de directivos o profesores, esta diferencia era menos importante: 5,6 por ciento en el examen de primer ciclo de secundaria y 18 por ciento en el de bachillerato. Este documento nunca salió de los cajones.

Sin embargo, como sucedió con las becas al mérito y con las clases bilingües, la indignación fue tan grande que la ministra tuvo que transigir y apañar a toda prisa una «enseñanza complementaria» destinada a los que querían, a pesar de todo, aprender latín. Pero este módulo se negoció caso por caso usando las horas de margen de que dispone cada director. El resultado fue que la enseñanza del griego desapareció en numerosos centros educativos.

Durante este gran lío en el que el latín y el griego, horribles marcadores de éxito, desaparecían en provecho de las EPI y se arremetía violentamente contra las clases bilin-

82. Gasq, Paul-Olivier, y Touahir, Mustapha, «Le latin au collège: un choix lié à l'origine sociale et au niveau scolaire des élèves en fin de sixième», Dirección de Evaluación, Prospectiva y Rendimiento, Ministerio de Educación Nacional, octubre de 2015.

güues, espantosos cenáculos de exigencia, numerosos profesores se sublevaron con vehemencia.

Entre ellos se encontraba Marc Le Bris, antiguo director de escuela y maestro, que continuó enseñando gramática, conjugación y ortografía cuando la institución recomendaba acabar con estos elitistas métodos del pasado. Obtuvo, todos los años, unos resultados formidables. Todos sus alumnos salían de su clase con sólidos conocimientos básicos, pero fue boicoteado por la jerarquía por insubordinación.[83] «El determinismo social de Bourdieu aplicado a la escuela sólo ha aportado esta principal consecuencia: ahora se considera a los hijos de la clase obrera —y actualmente de los barrios desfavorecidos— como incapaces congénitos y se los trata como a tales. Con el fin de protegerlos, y dado que no son capaces de acceder a las clases de excelencia, se cierran estas clases. De esta manera, los buenos alumnos procedentes de los barrios desfavorecidos no tienen ningún camino al éxito a través de la escuela», aseguraba, en caliente, a principios de 2016.[84] Marc Le Bris tenía razón al hacerse esta pregunta: ¿y si todo este catecismo pedagógico se debiera, en realidad, a un inmenso desprecio social, oportunamente maquillado como pasión por la igualdad? Y añadía al respecto:

> Si se trata de la misma manera, con la misma exigencia, a todos los alumnos de la escuela de la República, los mejores

83. Le Bris, Marc, *Et vos enfants ne sauront pas lire... ni compter*, Stock, París, 2004.

84. Le Bris, Marc, «Réforme du collège: la double faute de Najat Vallaud-Belkacem», *Le Figaro*, 16 de febrero de 2016.

> tendrán éxito; es cierto que deben trabajar más y también necesitan una enseñanza más sustancial, dos cosas totalmente olvidadas en la actualidad. La escuela de la República no tiene que preocuparse por el medio del que proceden los buenos alumnos si no quiere caer en el totalitarismo. Por supuesto, vendrán de Neuilly o de Versalles, pero también vendrán de los barrios; en menor proporción al principio (mi única concesión a Bourdieu), pero de esta forma, por el mérito, poco a poco se renovarán las élites del mañana, como se renovaron muy bien en la década de 1950, antes de que Bourdieu escribiera su tesis destructiva de civilización.

Sin embargo, sería injusto acusar a la izquierda, y sólo a ésta, de este abandono culpable de la transmisión de los conocimientos, como atestigua la perorata siguiente:

> La democratización hace que a la enseñanza secundaria lleguen niños culturalmente desfavorecidos, que no son responsables de los métodos que tenían éxito en los niños culturalmente favorecidos. La competencia de la vida —cine, televisión, cómics— somete al pedagogo a una dura prueba. En la actualidad, existe un profundo fenómeno de rechazo de la vida escolar. La aceleración de la evolución del conocimiento desprestigia la ambición enciclopédica. La erudición, si es que se llega a ella, pronto queda anticuada. Es mejor desarrollar la capacidad de adaptación, la fuerza de carácter, el espíritu de iniciativa, el sentido de equipo, en suma, cualidades de la educación.

Estas frases fueron pronunciadas en tiempos del general De Gaulle por Alain Peyrefitte, ministro de Educación Nacional, en el Consejo de Ministros del 28 de febrero de 1968.[85] Anunciaban en un tono tranquilo y seguro el apocalipsis pedagógico futuro.

Un apocalipsis que duró varios decenios y que Emmanuel Macron y Jean-Michel Blanquer pretendieron detener. Los dos, como veremos, practicaron una navegación mucho más ambigua de lo que querían admitir.

85. Peyrefitte, Alain, *C'était de Gaulle*, tomo 3, Éditions de Fallois/Fayard, París, 2000.

13

La universidad harapienta

La carta, fechada el 27 de abril de 2022, empieza en un tono más bien amable para su destinatario, que vive en el palacio del Elíseo.

> Señor presidente:
>
> La asociación Qualité de la Science Française (QSF) se alegra de que el voto de la razón predominara ampliamente el 24 de abril y le manda sus deseos más sinceros y respetuosos para el próximo mandato.

La continuación es menos elogiosa:

> Desde su fundación hace cuarenta años, QSF se esfuerza por dirigir una mirada exigente e imparcial a las cuestiones de la enseñanza superior. En este tema, tenemos que confesarlo, el balance del mandato pasado nos parece insatisfactorio [...]. Básicamente, el sistema universitario francés recibe una financiación muy baja. La comparación entre la inversión pú-

> blica por estudiante y la aceptada para los alumnos de las grandes escuelas y las CPGE[86] es cruel.
>
> La admisión y el control pedagógico de los nuevos estudiantes en los estudios no selectivos no puede satisfacer a nadie.

La misiva describe después el tratamiento reservado a los estudiantes de ciencias humanas, a menudo orientados por defecto y con dificultades para adquirir los conocimientos indispensables, «empezando por el dominio de la lengua francesa», precisa con dureza la carta. Estos jóvenes, a veces obligados a trabajar a tiempo parcial para pagarse los estudios, se encuentran con demasiada frecuencia la puerta cerrada cuando, el fin de semana, quieren acceder a la biblioteca.[87]

La denuncia continúa así:

> Los cálculos financieros de las universidades, siempre sometidos a la presión presupuestaria, han determinado numerosas congelaciones de puestos vacantes; de ahí, teniendo en cuenta las necesidades siempre crecientes de puestos directi-

86. CPGE: clase preparatoria para las grandes escuelas.

87. Por ejemplo, la biblioteca de la Escuela de Arte de la Sorbona cierra sus puertas a las 18.00 h de lunes a viernes y no funciona el fin de semana. La de París 8 está abierta hasta las 17.30 h el sábado y cierra el domingo. En Toulouse, los horarios de la biblioteca universitaria central son de 8.30 a 19.00 h de lunes a miércoles, y de 8.30 a 18.00 h el jueves y el viernes, y cierra el fin de semana. La de la Facultad de Artes, Letras, Lenguas y Ciencias Humanas de Aix-Marseille recibe a los estudiantes siete días a la semana, pero entre las 8.45 y las 12.30 h, y entre las 14.00 y las 16.00 h. ¡Hay que estudiar los horarios con mucho detenimiento! En Lille, abre de 9.00 a 18.00 h de lunes a viernes...

vos de algunos departamentos, el recurso cada vez más masivo a sustitutos indignamente mal remunerados.

«¿Indignamente mal remunerados?» ¡En efecto! Los profesores adjuntos de la Sorbona, por ejemplo, ganan 1.500 euros por un módulo de treinta horas, que, por tanto, dura todo un semestre y requiere cuatro veces más tiempo de preparación que el presencial ante los estudiantes. Eso representa una tarifa real de menos de 15 euros por hora.

Los diferentes gobiernos que, desde finales de la década de 1960, lanzaron y desarrollaron la masificación de la enseñanza secundaria no supieron alterar en profundidad el funcionamiento de la universidad. Es cierto que la tarea era inmensa. Y el fenómeno no sólo era francés.

En 2019, de los 668.300 bachilleres del año, 522.700 continuaron sus estudios en la enseñanza superior, el 95,1 por ciento de bachilleres generales (+ 0,8 puntos en un año), el 80,0 por ciento de bachilleres tecnológicos (+ 2,2 puntos) y el 41,8 por ciento de bachilleres profesionales (+ 2,3 puntos). Dos tercios entraron en la universidad, mientras que alrededor de 85.000, es decir, el 16 por ciento de ellos, fueron a una clase preparatoria. Una población enorme y a veces orientada a menudo por defecto hacia las ciencias humanas convergió en las facultades. La universidad francesa no experimentó ninguna alteración importante entre su refundación por la Tercera República, en 1896, y la década de 1960. Después, sus efectivos pasaron de 215.000 en 1960 a 1,7 millones en 2021, es decir, ¡se multiplicaron por ocho!

Los presupuestos no aumentaron en las mismas proporciones, sobre todo para el primer ciclo, el de la licenciatura, y las masificaciones en los anfiteatros.

La situación no era peor que en otros lugares, en términos puramente contables. En el seno de la OCDE, el importe de los gastos dedicados por Francia a la enseñanza superior en 2018 correspondía a la media de los países miembros, es decir, el 1,45 por ciento del producto interior bruto (PIB), según registraba el Tribunal de Cuentas.[88] Sin embargo, esta relación la colocaba bastante por detrás de Estados Unidos, el Reino Unido e incluso Noruega, que superaban o se acercaban al 2 por ciento. El libro blanco de la enseñanza superior y la investigación publicado en 2017 fijaba como objetivo conseguir una financiación en favor de la enseñanza superior del 2 por ciento del PIB, lo cual supondría un aumento del gasto del Estado de 10.000 millones de euros en diez años. Aunque esta condición no se ha hecho realidad, los efectivos estudiantiles no dejan de aumentar. Pero la intendencia no se adapta... De manera que, para mantener su puesto en las clasificaciones internacionales, las universidades echan el resto en la investigación, en las enseñanzas de tercer ciclo e incluso en los másteres, en detrimento de los dos primeros años de los estudios superiores, los de todos los fracasos. Como apunta la filósofa Monique Canto-Sperber:

> Si en lugar de considerar el número de estudiantes en el momento de su acceso en primer año, se centrara el interés

88. Tribunal de Cuentas, «Les universités à l'horizon 2030: plus de libertés, plus de responsabilités», octubre de 2021.

> en el número, reducido a la mitad, de los admitidos en tercer año, el coste de formación de un estudiante de universidad en el último año de licenciatura, sobre todo en las disciplinas científicas, sería más o menos idéntico al de un alumno de clase preparatoria para las grandes escuelas.[89]

La universidad, en Francia, quizá es víctima de su historia, como deplora Marc Bloch en *La extraña derrota*:[90] «La enseñanza superior ha sido devorada por las escuelas especiales de tipo napoleónico [...]. ¿Qué es una facultad de letras, ante todo, sino una fábrica de producir profesores?». El fundador de los *Annales* ve en ello dos consecuencias fastidiosas: «Preparamos mal para la investigación científica [...]. A nuestros grupos dirigentes, demasiado pronto especializados, no les damos una cultura general elevada, sin la que cualquier persona de acción nunca pasará de contramaestre».

En la Revolución, cuando el mérito sustituye al nacimiento para determinar el lugar que cada uno ocupará en la sociedad, las universidades se desacreditan en provecho de las grandes escuelas para la formación de las élites, una desviación de la que nunca se recuperarán realmente. En la actualidad, producen excelentes investigadores, como atestigua el Premio Nobel de Economía concedido en 2014 a Jean Tirole, profesor de la Universidad de Toulouse en el

89. Entrevista a la autora el jueves 12 de mayo de 2022.

90. Bloch, Marc, *L'Étrange Défaite*, Gallimard, col. Folio Histoire, París, 1990. Versión castellana de Santiago Jordán Sempere, *La extraña derrota*, Crítica, Barcelona, 2033.

momento de su distinción. Pero ¿se puede asociar este formidable itinerario a las virtudes ocultas de la universidad pública? No del todo.

En efecto, Jean Tirole es un universitario del tercer tipo. Fundó la Toulouse School of Economics, que siguió afiliada a la universidad, pero supo liberarse de ella poco a poco, tanto para su financiación como para su funcionamiento: está amparada por una fundación, como las grandes universidades estadounidenses, de las que, sin embargo, se diferencia por los gastos de escolarización (2.770 euros al año en licenciatura y 3.770 en máster), y practica una selección después de dos años preparatorios. Su rendimiento en las clasificaciones internacionales es asombroso. El *statu quo* alcanzado con la Universidad Toulouse 1-Capitole acabó por saltar en pedazos a principios de 2022. La Toulouse School of Economics se liberó de su tutela para obtener el estatuto de *grand établissement* ('gran institución'), más capaz, según sus dirigentes, de no entorpecer su desarrollo.

Grand établissement es también la fachada administrativa tras la que se aloja la Universidad París-Dauphine desde 2004. Se creó en 1970 en el emplazamiento del mando militar de la OTAN, obtuvo este estatuto en 2004 y su autonomía total en 2011, gracias a la nueva ley de la enseñanza superior elaborada por Valérie Pécresse. En 2014, se unió a la Conferencia de las Grandes Escuelas.

La realidad es simple: las entidades que ofrecen una enseñanza de calidad, que promueven el éxito y el esfuerzo, son las que consiguen beneficiarse de una forma de autonomía para reclutar a sus estudiantes y conseguir financiación. A veces, en el propio seno de un conjunto mayor, como la Facultad de Derecho de la Sorbona, un islote de excelencia en un océano de impotencia académica.

Al mismo tiempo, los centros no selectivos, que acogen en proporción a más estudiantes procedentes de familias modestas, se convierten en abismos de fracaso, donde menos de un estudiante de cada dos obtendrá una licenciatura después de tres, cuatro o cinco años, y sólo el 27 por ciento en tres años. Todos los rechazados por un sistema no selectivo y a fin de cuentas muy cruel no pueden evitar sentir una intensa sensación de frustración y traición. Las buenas personas les habían asegurado que la ausencia de selección les prometería un futuro brillante, que el talento para conseguirlo era opcional y los esfuerzos que debían hacer eran facultativos. Ahora bien, la masificación universitaria prometida garantiza la posibilidad de inscribirse, no la probabilidad de obtener un título que dé acceso a una carrera profesional, si no floreciente, al menos satisfactoria. La perversidad suprema de este modelo supuestamente democrático reside en su desprecio por la igualdad social. En la medida en que los hijos de obreros y de empleados son un 50 por ciento menos numerosos que los de las categorías más favorecidas, el dinero público financia más la escolarización universitaria de los privilegiados, a menudo con pérdidas debido al porcentaje de fracasos. Pero, atención, esto se hace en virtud de los grandes principios: ¡no es cuestión de aumentar los gastos de inscripción, ni siquiera en materia de recursos, ni se trata tampoco de hacer una mayor selección! Parcoursup, que dio un paso tímido en este sentido

—y que sufre otras taras, como su opacidad—, es satanizada por toda la izquierda radical como una máquina para triturar a los más débiles. La demagogia también es el enemigo irreductible del mérito.

El principio de la no selección, sea cual sea el nivel y las lagunas de los interesados, ha conducido a una desvalorización de los títulos, de los conocimientos transmitidos y del estatus de los que los enseñan. «Es difícil enfrentarse a un auditorio que no manifiesta nada, ni interés, ni curiosidad, ni protesta —nos confiesa un profesor de filosofía que prefiere mantener el anonimato para no arriesgarse al ostracismo—. Eso impide acomodar el nivel del discurso al de la asistencia.»

La obstinación en abstenerse de seleccionar a los estudiantes en la mayoría de los programas disciplinarios, obstinación que los promotores de Parcoursup no han podido o querido eliminar, se parece mucho a una lamentable hipocresía. Porque los estudiantes que obtienen el título en tres años, menos de un tercio de ellos, recordémoslo, son los que han podido seguir los estudios sin excesivas dificultades y cuya candidatura habría sido aceptada, de todas maneras, en caso de que se hubieran establecido unos requisitos de acceso a la universidad.

La Sorbona, joya de la cultura y el saber a los ojos del mundo entero, se convirtió en el símbolo de esta mendicidad. Bastaba con observar las patéticas «conferencias de prensa» dadas en la primavera de 2018 por *les ocupantes* de la Facultad de Tolbiac (la escritura inclusiva es obligatoria en este tipo de *happening*, en los que se destrozan los inmuebles sin vergüenza, pero en los que el uso de esta escritura es incuestionable). Estas excelentes personas, apoyadas por algunos profesores en nombre de la lucha, dieron, al principio del movimiento, el 6 de abril, una conferencia de prensa, perdón, una «autoconferencia de los automedios», porque los periodistas no reflejaron con suficiente fidelidad su propaganda a su gusto. Así, pues, esta autoconferencia anunció que la víspera se había proclamado la «Comuna Libre de Tolbiac». En la tribuna, tres oradoras enmascaradas y... un perro, sentado en una silla como sus camaradas de combate. ¿Por qué estas máscaras? ¿Por cobardía? No, para ofrecer un «discurso común». ¡Ah, bueno!

¿Las reivindicaciones? Una mezcla entre la dimisión de Emmanuel Macron, la retirada de la reforma de las universidades,[91] la solidaridad con los ferroviarios en huelga y con todos los precarios... Pero el perro es el que llamó realmente la atención. Un abonado bromista de Twitter le abrió una cuenta paródica con el nombre de *Guevara* que tuvo un éxito inmediato. Los sublevados de Tolbiac informaron, con aspecto de afectados, de que el animal en realidad se llamaba... *Mercantile*. Y no dejarían que nadie insinuase que ellos

91. Se trata de la ley relativa a la orientación y el éxito de los estudiantes, llamada ley ORE, que prevé un apoyo reforzado a los bachilleres, a través de dispositivos de éxito, trayectorias personalizadas con «contratos de éxito pedagógico», licenciaturas modulables, nuevas carreras universitarias innovadoras, pero también la creación de plazas suplementarias en todos los centros y el establecimiento de cuotas de becas. En suma, una reforma que no tiene nada de antisocial, sino que pretende reducir el espantoso porcentaje de fracasos que se produce en el primer ciclo universitario, en el que sólo el 27 por ciento de los estudiantes obtienen el título al cabo de tres años.

querían impedir que sus camaradas estudiasen. En efecto, en lugar de las clases, que no podían realizarse —se trataba de bloquear la «difusión del saber institucional»—, propusieron conferencias de personalidades como Assa Traoré o la diputada melenchonista Clémentine Autain, o talleres-debate sobre diferentes temas propios de la concienciación de las mentes, por ejemplo, «¿Era Gandhi revolucionario?».

Los miembros de la «Comuna Libre de Tolbiac» dormían allí mismo, se sublevaban cuando los visitantes simpatizantes —el control era estricto— bloqueaban los lavabos y no eran demasiado madrugadores: «Nada de despertador, ninguna luz y ningún ruido antes de las nueve de la mañana», indicaba uno de los carteles pegados en las paredes. Las fuerzas del orden evacuaron la facultad al cabo de tres semanas. Importe de la rehabilitación de los locales: varios cientos de miles de euros, según el presidente de la Sorbona, Georges Haddad.

Este escenario de una universidad saqueada, en el sentido literal del término, se reprodujo entre las dos vueltas de las elecciones presidenciales, en abril de 2022. El miércoles 13 de abril, unos estudiantes decidieron ocupar la sede histórica de la Sorbona, como sus lejanos antepasados en mayo de 1968. Estos angelitos estaban furiosos por el futuro duelo entre Marine Le Pen y Emmanuel Macron. Sobre todo, estaban enfadados porque su campeón, Jean-Luc Mélenchon, no había conseguido, una vez más, su clasificación para la final. Valientes pero no temerarios, salieron corriendo dos días más tarde antes de la llegada de los policías encargados de desalojarlos. Pero en cuarenta y ocho horas se pueden provocar muchos y costosos actos vandálicos: puertas destrozadas, vidrios rotos, material dañado, libros raros robados, tesis, ordenadores y extintores arrojados contra las ventanas, grafitis incluso en la parte patrimonial del edificio... El atestado redactado por la policía era elocuente. El rectorado interpuso una denuncia, algunos profesores dijeron que «comprendían» la cólera de los vándalos, pero no añadieron ni una palabra para todos los estudiantes que, una vez más, se encontraron relegados en sus casas y condenados a clases por Internet. ¡Y esta vez no a causa de un peligroso virus!

Unos días más tarde, el exjefe de gabinete de Jean-Michel Blanquer en el Ministerio de Educación Nacional, Christophe Kerrero, que ocupó en 2021 el puesto de rector de la región académica de Île-de-France,[92] organizó un desayuno en sus locales de la Sorbona, como hacía regularmente, para conversar con los representantes de las empresas. Pretendía, y no es poca cosa, mejorar el rendimiento de los institutos profesionales parisinos, algunos de los cuales están en pésimo estado, no sólo por culpa del ministerio, que también tiene su parte de culpa. Así, pues, ese miércoles, 11 de mayo de 2022, varios directores de recursos humanos, algunos periodistas, así como el presidente socialista de la región Centre fueron invitados a un desayuno con el director de la Academia de París y, por supuesto, el rector.

El contraste entre el saqueo cometido menos de un mes antes en ese mismo recinto y el ambiente acogedor que rei-

92. Que cuenta por sí sola con el 20 por ciento de los alumnos franceses.

naba esa mañana era impresionante: un ordenanza con chaqué y espada en la cintura conducía a los invitados a una mesa adornada con plata fina y vajilla blanca y dorada con el sello de la Sorbona. ¿Cómo imaginar que, a unos cuantos metros de allí, unos estudiantes inscribían sus eslóganes con pintura en espray en los sillares del edificio?

Stefan Zweig, en su maravilloso libro *El mundo de ayer*,[93] relata su desesperación ante los pacifistas de salón que conoció en Zúrich durante la Primera Guerra Mundial, con motivo de la creación de una de sus obras de teatro: «Por primera vez, aprendí a observar al tipo eterno del revolucionario profesional, que, con su actitud de pura oposición, se siente grande en su insignificancia y se aferra a los dogmas porque no encuentra ningún apoyo en sí mismo. Permanecer en esta confusión charlatana era embrollarse [...] y comprometer la seguridad moral de sus propias convicciones». Confusión charlatana, en efecto, pero no sólo eso. Esos jóvenes sublevados, que sin duda se convertirán en el futuro en banqueros o abogados de empresa, no se contentaron con hacer ruido con la boca. También manifestaron una inclinación pronunciada al vandalismo. Todos esos valerosos combatientes debieron de pensar que las mujeres de la limpieza pasarían después, como en casa de papá y mamá. A sus ojos deconstructores, el mérito no existe, ni siquiera para las personas que se encargan del mantenimiento, que no tienen otra opción que hacer su trabajo.

93. Zweig, Stefan, *El mundo de ayer. Memorias de un europeo*, Acantilado, Barcelona, 2018.

14

¡El mérito no es *woke*!

Dejar de pensar, de reivindicar la autonomía de la ciencia y la intangibilidad de las libertades académicas, quizá sea ésta la solución para retorcer definitivamente el cuello al mérito, para acabar con este «valor de dominante». En esta empresa de destrucción masiva, el *wokismo* desempeña un papel creciente. Por un lado, la realización a través del talento y el esfuerzo, un ideal universalista procedente de la Ilustración. Por otro lado, la obsesión identitaria, que reduce a cada individuo a su pertenencia.

Por tanto, no es por casualidad que la epidemia de rechazo al mérito como valor burgués y opresivo sea especialmente grave en los departamentos de filosofía, letras y, sobre todo, ciencias humanas, paraíso de la contestación y las luchas interseccionales, lo cual representa, no obstante, sólo un tercio de los estudiantes.

Pierre-Henri Tavoillot, presidente del Colegio de Filosofía y profesor universitario de la Sorbona, observa desde hace varios años la mediocridad de ciertas tesis doctorales, cuya devoción por las modas del momento, como el decolonialismo, permite compensar la pobreza a los ojos de ciertos tribunales. Uno de sus colegas asegura que, en una universidad como la de Toulouse, fuertemente politizada, resulta difícil encontrar un puesto si uno no se ha doblegado ante los conceptos de identidad de género o de raza.

Estas posturas, como denuncia la filósofa Nathalie Heinich en un librito muy comprometido,[94] nunca han engrandecido a la institución académica: «¿Qué le hace el activismo a la investigación? La embrutece, la degrada, la esteriliza. En lugar de permitirle elevarse al rango de ciencia, la rebaja al de ideología». La filósofa apunta con el dedo a este «activismo académico», que mantiene la «confusión de las arenas», la de la producción y la transmisión de los conocimientos, por una parte, y la de la transformación del mundo social, por otra, un activismo ferozmente negado por sus artesanos. En marzo de 2021, en plena polémica sobre el islamoizquierdismo en la universidad, ideada por el ministro de Educación Nacional Jean-Michel Blanquer, unos investigadores de ciencias humanas cuestionaron la presencia de términos como *decolonial*, *interseccional* o *racializado* en las tesis y otros documentos de investigación, evaluación contradicha por tres de sus colegas que, al ampliar el campo léxico a términos como *género*, *raza* y *poscolonial*, encontraron una frecuencia de más del 50 por ciento,[95] y no del 0,1 por ciento.

94. Heinich, Nathalie, *Ce que le militantisme fait à la recherche*, Tracts Gallimard, n.° 29, Gallimard, París, 2021.

95. Salvador, Xavier-Laurent; Szlamowicz, Jean, y Bikfalvi, Andrea, «Le décolonialisme, c'est 50,4 %», Observatoire du Décolonialisme, 2 de abril de 2021.

Interrogarse sobre la pertinencia académica de un artículo titulado «De l'espace genré à l'espace "queerisé"» (Del espacio generificado al espacio *queerizado*), totalmente redactado en escritura inclusiva, es exponerse a la venganza de la sociedad biempensante, la cual coloca las identidades por encima de todo y coincide, muy a su pesar, es cierto, con las palabras de un Donald Trump que alaba a la gente que no tiene títulos, o de los heraldos de la extrema derecha en Europa obsesionados por las fronteras o el peligro que representa «el otro». Por un lado, el populismo, por el otro, el comunitarismo, como las dos caras de una misma moneda, el odio a lo universal, el rechazo del humanismo heredado de la Ilustración. Como las dos mandíbulas de un mismo monstruo, estas dos ideologías nacidas del desencanto democrático amenazan también al mérito como realización de uno mismo y como apertura al mundo.

Pero el *wokismo* es lo que gana cuota de mercado en el universo académico. Nathalie Heinich cuenta que la Sorbona —¡sí, la Sorbona!— se enorgullece de la contratación en su cuerpo docente de una «activista y militante *queer*», especialista en el «espacio generificado», que la universidad de Montpellier se plantea como objetivo «desmasculinizar las ciencias humanas y sociales», que la Escuela de Altos Estudios de Ciencias Sociales (EHESS) cuenta entre sus filas con un investigador que presenta una comunicación sobre la cuestión siguiente: «¿Qué interseccionalidad existe para los *fat studies* y la lucha contra la gordofobia?».

Durante el año universitario de 2020, *Le Point* publicó el diario de una «infiltrada» en una formación de ciencias sociales de la Sorbona que se interesaba por las «minorías». Un término difícil de definir, para los profesores, porque no hay que herir a ninguno de los asistentes. «Les conmino seriamente a adoptar una escritura inclusiva —dice una profesora universitaria—. Leo trabajos que hablan mucho de feminismo y que utilizan el masculino dominante, es muy extraño. Les recuerdo que toda una parte de la población queda excluida del lenguaje, pero sigue siendo fascinante.»[96]

En una sesión sobre el humor, que evidentemente debe cogerse con pinzas —el profesor indica cuándo está permitido reír—, se enuncia una conclusión poderosamente académica: «Lo complejo en Coluche y Desproges es que tienen tendencia a universalizar el racismo. Se les ve decir: "Todo el mundo es potencialmente racista de otro"; esto puede ser interesante, pero también impide pensar sobre la hegemonía blanca».

Esta letanía del privilegio blanco regresa todo el tiempo, con el riesgo de transformar una clase de máster en una charla de café: «El otro día, durante una conferencia, el retroproyector no funcionaba. Los dos participantes se pusieron nerviosos con el aparato. Pues bien, ¡fue un hombre negro el que acudió a repararlo, para los dos profesores blancos que tenían la palabra! ¡Como por casualidad!», dice una profesora, que ve en ello la prueba de que «la raza

96. Breteau, Anna, «Dérives à la Sorbonne», 7 de febrero de 2020, <https://www.lepoint.fr/societe/le-jeu-du-mot-qu-il-ne-faut-pas-dire-07-02-2020-2361677_23.php#xtmc=derives-a-la-sorbonne&xtnp=2&xtcr=11>.

gobierna la distribución de la mano de obra». Conviene también desconfiar de la historia, «blanqueada por Occidente». A lo largo de las clases, se mancilla el universalismo y la Ilustración, y se arruga la nariz ante «el blanqueamiento del concepto de interseccionalidad».[97] Durante esta experiencia, la infiltrada de *Le Point* estimaba que «la frontera entre lucha militante e investigación intelectual nunca es tan clara como se muestra».

Éste es realmente el problema de los *studies*, esas investigaciones de las minorías que se instalan tranquilamente en las universidades francesas después de haber florecido en los campus anglosajones.

No es inútil darse una vuelta rápida por Estados Unidos para valorar los daños provocados por este odio del universalismo y este fundamentalismo de la interseccionalidad.

Bret Weinstein es un profesor de biología de lo más progresista. Cuando era un joven estudiante de la Universidad de Pensilvania, había denunciado en una carta el sexismo del que eran víctimas unas *strippers* en una velada de promoción. Debido a ello, también fue acosado y expulsado de California. Titular de un doctorado, se convirtió en especialista de la teoría de la evolución, teoría que combate con contundencia la derecha estadounidense religiosa y conser-

97. La *interseccionalidad* es un término inventado y popularizado por la universitaria y militante afroamericana Kimberlé Williams Crenshaw a finales de la década de 1980. Jurista de formación y profesora en las mejores universidades de las costas este y oeste, postula que las discriminaciones se acumulan y se refuerzan unas a otras.

vadora. A pesar de todos sus títulos de izquierdas, este profesor vivió, en 2017, una experiencia de lo más extrema. Siendo profesor en el Evergreen State College, una universidad pública situada en el estado de Washington, se negó por correo electrónico a doblegarse a la orden de no acudir al campus el día de los «no blancos», en el que sólo los estudiantes y los profesores de las minorías pueden estar presentes. Lo explicó en un largo mensaje de correo electrónico, pero los estudiantes la emprendieron con él con violencia y acabó por dimitir como consecuencia del poco entusiasmo manifestado por la dirección para ocuparse de su defensa. El propio jefe de la policía le indicó que ya no estaba seguro en ese centro de enseñanza.

Como en otras universidades, la creación de *safe spaces* ('espacios seguros'), una especie de burbujas en las que las minorías pueden refugiarse si corren el riesgo de verse afectadas por una temática abordada en clase, es una obligación. Un curso de literatura debe revisar su programa para expurgar el clásico *Matar un ruiseñor*, publicado en 1960, porque contiene el término *nigger* ('negro'). Un programa de historia del arte no enseña la pintura del Renacimiento porque ninguno de los cuadros estudiados contiene «minorías visibles». Pero la cosa va más lejos. Un profesor blanco no tiene derecho a debatir, es descalificado de entrada. Se conmina a todo el personal docente a participar en sesiones de autocrítica, durante las cuales enuncian todos los miserables privilegios de los que han gozado debido a su género, el color de su piel y sus orientaciones sexuales.

¿Qué relación tiene esto con el mérito? Es evidente. Tan evidente, por otra parte, que, en una apasionante entrevista para *Le Figaro*,[98] Bret Weinstein la menciona espontáneamente: «Occidente es una experiencia única que intenta reducir el impacto de la identidad favoreciendo la colaboración más allá de las líneas identitarias, a través de la ciudadanía y el mérito. Pero el problema es que este sistema occidental, eminentemente superior a los otros, y más justo, también es muy frágil». Insiste también en la condescendencia, incluso el desprecio de los comunitaristas endiablados respecto a las minorías a las que asignan un lugar inamovible: «Lo absurdo del retrato que hace la izquierda *woke* de los defectos de Occidente es, en realidad, un insulto terrible para las minorías que quieren simplemente una oportunidad de triunfar. Si intentas tener éxito en el sistema en el que vives, lo último que necesitas es un movimiento que te diga que tu éxito es imposible porque cualquier persona blanca es racista y te oprime».

¿Considera Bret Weinstein su experiencia como una cosa aislada?

> ¡Evergreen está hoy en todas partes! Las mismas dinámicas revolucionarias se observan en las calles, y no sólo en las de Estados Unidos, ¡también en Europa y en Australia! Es un momento muy interesante, pero tengo la sensación de que las lecciones de Evergreen se han echado a perder. Si hubiéramos comprendido que no se trataba de una aberración, sino de una anticipación del presente, no habríamos permitido que nuestra civilización se divirtiera jugando con nuevas

98. Bret Weinstein: «Hasta que no nos enfrentemos a la izquierda *woke*, ignoraremos lo peligrosa que es», declaraciones recogidas por Laure Mandeville, *Le Figaro*, 17 de diciembre de 2020.

formas de racismo, camufladas como lucha contra la injusticia.

Y la epidemia no deja de avanzar. En las escuelas privadas y de renombre de California o de Manhattan, los gastos de escolarización se elevan a más de 40.000 dólares al año, pero la vigilancia contra cualquier incumplimiento respecto al «despertar» también es oportuna. La periodista Bari Weiss, encargada de aportar diversidad intelectual a las páginas de «Debate» de *The New York Times*, dimitió de su puesto en 2020 por cansancio ante el conformismo «políticamente correcto» del prestigioso diario. Continúa su camino y sus investigaciones, que difunde en el sitio web que ha creado, *Common Sense*. En especial, en mayo de 2021, publicó un largo artículo titulado «La educación descarriada de las élites estadounidenses».[99] Se citó con decenas de padres y profesores, que reclamaban el anonimato más absoluto para contar su desconcierto: «Si publica mi nombre, me arruina la vida», decía la madre de un alumno. Un padre, inmigrante de un país comunista, no se lo podía creer: «Vine a este país para huir del miedo a las represalias, que me encuentro exactamente igual aquí y que mis propios hijos sufren ahora». Otro prefería utilizar el humor negro: «Necesito continuar alimentando a mi familia. Y, por supuesto, pagar 50.000 dólares al año para que mi hijo sea adoctrinado». Un profesor optó por la concisión: «Hablar

99. Weiss, Bari, «The miseducation of America's elites», artículo publicado en el *City Journal* y en el sitio web *Common Sense*, 10 de marzo de 2021, <https://bariweiss.substack.com/p/the-miseducation-of-americas-elites?s=r>.

de esto pone todo nuestro capital social en peligro». «Esto» se refiere a la manera en que estos centros educativos, que garantizan un camino pavimentado de éxito hacia Harvard o Yale, desarrollan políticas «inclusivas» para escapar del visor de los militantes *woke*. Multiplican las declaraciones, las jornadas de sensibilización, las revisiones de sus programas y las sesiones de autocrítica para despertar las jóvenes conciencias al reino hipócrita del «privilegio blanco».

Ya no hay que hablar, por ejemplo, de la «ley de Newton» en clase de Física, porque la ciencia no debe asociarse a la masculinidad blanca. Ni emitir libremente una opinión durante un debate que pueda ser reprochada y pueda tener graves consecuencias para tu trayectoria escolar e incluso tu reputación y la de tu familia. En algunas instituciones, los escolares pueden someterse —eso sí, voluntariamente— a pruebas que detecten sus «sesgos racistas inconscientes». Los que se niegan a someterse a las pruebas están mal vistos, de manera que todos los padres insisten en que sus hijos se sometan a ellas. Y a veces se encuentran a su prole llorando, por la noche, porque la prueba ha revelado un racismo subyacente. «Los padres enseñan a sus hijos a mentir a los profesores para ser bien considerados, como en la Unión Soviética —cuenta Bari Weiss—. Unos estudiantes me han confesado que recitan este nuevo catecismo comunitarista en sus exámenes para mantener una buena media.» ¿Nadie protesta? Según el rumor que circula de familia en familia, sacar a un hijo de un centro educativo por desacuerdo ideológico representa aparecer en la lista negra de todas las demás escuelas de la misma categoría y perder cualquier oportunidad en el camino hacia las mejores carreras. Destacar como profesor recalcitrante, al continuar enseñando obras clásicas de contenido sospechoso, también puede tener serias repercusiones profesionales.

¿Inimaginable en Francia? Por desgracia no. Durante su formación, los aspirantes a profesores son bombardeados con módulos sobre la lucha contra los estereotipos de género, por ejemplo, en un momento en el que los resultados de los alumnos en matemáticas y en francés son más bajos que nunca. Era cierto antes de la llegada de Emmanuel Macron, que quería devolver la escuela al centro del pueblo, y sigue siendo cierto cinco años después.

Lisa Kamen-Hirsig, periodista de *Le Point*, tiene un hijo escolarizado en CE2 (8-9 años). Una tarde de junio de 2022, su hijo, de ocho años, regresó a casa manifiestamente alterado. Tuvo que presentar un ejercicio de «expresión escrita» —ya no se habla de *redacción*, un término reaccionario— cuyo tema era: «¿Qué harías si cambiaras de sexo?». Le confesó a su madre que no había sido capaz de escribir las cinco líneas que le pedían: «Sólo he dicho que gritaría muy fuerte y me cortaría el pelo todo el tiempo. Me ha parecido asqueroso, mamá, y me he sentido ridículo», decía el muchachito. Preguntada sobre esta iniciativa, la maestra lo confirma. Esta forma de actuar pretende «desarrollar la empatía» y «favorecer el respeto, así como unas relaciones igualitarias». Es evidente que el objetivo no se ha alcanzado.

Francia, en cambio, va con retraso, que esperemos que sea duradero, respecto a Estados Unidos: los profesores de universidad todavía no han llegado a enumerar sus privilegios (blanco, varón, no discapacitado, heterosexual) a través de un panel de autocrítica, pero han empezado a integrar variables inquietantes y muy alejadas de la búsqueda de la excelencia. Algunos de ellos refieren, la mayoría protegidos por el anonimato por miedo al ostracismo que podría abatirse sobre ellos, que unas tesis inútiles son validadas por tribunales complacientes porque están aterrorizados ante la idea de que los vigilantes del *wokismo* los pongan en la picota. Por ejemplo, en literatura comparada, para publicar una tesis que tenga una posibilidad de tener cierto éxito, es mejor añadir la palabra *género*: ¡Flaubert por sí solo ya no es taquillero, pero Flaubert y el género se vuelve interesante!

El próximo objetivo de los enemigos del mérito y el universalismo es, sin duda, la cultura. Ya se tuvo que retirar una representación de la tragedia de Esquilo *Las suplicantes*, que debía tener lugar en el anfiteatro Richelieu de la Sorbona, en 2019. Esta obra pone en escena a argivos, de Grecia, y danaides, procedentes de Egipto. Unos manifestantes de la Liga de Defensa Negra Africana (LDNA), de la Brigada Antinegrofobia y del Consejo Representativo de las Asociaciones Negras (CRAN) impidieron que los actores se prepararan y que el público entrara en la sala. El motivo era que, como quiere la tradición, actrices y actores llevaban máscaras, algunas de las cuales eran negras. Estos militantes comunitaristas equiparaban esta actuación artística al *blackface*, una práctica racista que consistía, en el siglo XIX, en Estados Unidos, en pintarse la piel y lucir un peinado afro para hacer reír a expensas de los negros. Que desde la Antigüedad el teatro griego utilice máscaras no parece impresionarles...

En 2018, Ariane Mnouchkine, una artista muy comprometida con la izquierda, fue el blanco de los vigilantes interseccionales. Declaró que «no quería ceder a los intentos de intimidación ideológica», que exigían la anulación de las representaciones de una obra de teatro que contaba la terrible suerte reservada a los amerindios en Canadá. Se les reprochaba, a ella y al director escénico quebequés, Robert Lepage, que los papeles de los amerindios no los representaran personas procedentes de la comunidad autóctona.

¿La próxima etapa consiste en exigir cuotas de artistas procedentes de todas las minorías? Es una pregunta muy seria.

Desde que, en 1969, dos músicos afroamericanos acusaron de discriminación a la Orquesta Filarmónica de Nueva York, que no había aceptado su candidatura, el ayuntamiento decidió que las audiciones serían «a ciegas». En otras palabras, que una pantalla separaría al jurado de los intérpretes, para que fuera imposible determinar el sexo o la raza de éstos. Este método permitió feminizar muy sensiblemente la prestigiosa formación, pero no aumentar la mezcla en el aspecto étnico. Es cierto que selecciona a los mejores, y sin prejuicios, pero esto parece actualmente insoportable. Hay voces que claman para que esta formación mundialmente conocida refleje la diversidad de una gran ciudad como Nueva York. ¡Que se fastidie la excelencia! *The New York Times* se subió con rapidez a este nuevo caballo de batalla, bajo la pluma de su crítico musical Anthony Tommasini: «Si los músicos que se presentan en el escenario pueden representar mejor a la comunidad en la que evolucionan, entonces hay que terminar con las audiciones anónimas y tener más en cuenta los perfiles de los candidatos»,[100] escribió en julio de 2020.

La idea le pareció excelente a la English Touring Opera, que decidió despedir a catorce de sus músicos, algunos de los cuales le eran fieles desde hacía más de veinte años, por el único motivo de que eran blancos, para aumentar la diversidad de esta compañía itinerante. Incluso el sindicato británico de los músicos se atrevió a protestar. Y esta lamentable historia provocó un clamor de críticas. ¿Qué piensa de esto nuestro nuevo ministro de Educación Nacional, Pap Ndiaye, que encargó en 2021 un informe sobre la diversidad en el seno de la Ópera de París? No propone despedir a los bailarines blancos, pero todo en sus páginas pasa por el fino cedazo del color de la piel. Lamenta que «la Ópera Nacional de París todavía no haya programado ni director escénico, ni libreto o composición escritos por una persona no blanca» y deplora (incluso es uno de sus títulos de capítulo) que la diversidad sea la «gran ausente de la Ópera». Ni una palabra sobre el talento y los esfuerzos, sólo una referencia única y binaria: «blanquitud» o «no blanquitud». Esto se llama, al parecer, antirracismo...

100. Tommasini, Anthony, «To make orchestras more diverse, end blind auditions», *The New York Times*, 16 de julio de 2020.

15

El mérito o... ¡nada!

Así, pues, el mérito ya no está de moda. Satanizado, instrumentalizado, desacreditado y acusado de todas las villanías. Sin embargo, los excelentes denigradores que se ceban en él tienen muchas dificultades para enunciar soluciones alternativas. No se trata de volver a la organización social que prevalecía con el Antiguo Régimen, cuando el nacimiento —y accesoriamente el dinero— determinaban el destino de cada uno, fueran cuales fueran su talento y sus esfuerzos.

Aunque... Michael Sandel, el eminente profesor de Harvard, no parece totalmente hostil a ello. Uno de los principales argumentos que utiliza para descalificar la meritocracia es la terrible carga que soportan los que no han triunfado: se sienten personalmente responsables de su fracaso. «Si te encuentras en la parte baja de la escala de una sociedad meritocrática, te resultará difícil no pensar que eres al menos en parte responsable de tu posición, que te falta talento y ambición para llegar más lejos. Una sociedad que permite progresar a los individuos y que celebra el éxito personal juzga con severidad a los que fracasan»,[101] escribe. El filósofo imagina dos sociedades tan desiguales una como la otra. La única diferencia es que, en la primera, aristocrática, las plazas se distribuyen únicamente en función del nacimiento y, en la segunda, meritocrática, provista de una igualdad de oportunidades pura y perfecta, cada individuo puede mejorar su condición gracias a su talento y a su ingenio. Invita a sus lectores a jugar al siguiente juego: ¿cuál de las dos sociedades elegirían si ignoraran en qué familia, rica o pobre, iban a crecer? Y concluye, como primera aproximación, que la mayoría de ellos elegirían vivir en una meritocracia en cuyo seno las oportunidades fueran realmente iguales. Pero Michael Sandel emite una reserva. «Es desmoralizador ser pobre en una meritocracia. Si naces siervo en una sociedad feudal, tu vida será dura, pero no te sentirás responsable de la posición subordinada que ocupas. Tampoco trabajarás pensando que la posición de tu señor se explica por sus competencias o por sus recursos. Sabrás que no tiene más mérito que tú, simplemente ha tenido más suerte.»[102]

No olvidemos que el autor de estas líneas es un intelectual eminentemente respetado no sólo en Estados Unidos, sino en el mundo entero. Su curso estrella en Harvard, «Justice», de acceso libre por Internet, ha sido visionado por decenas de millones de personas, sobre todo en el Sudeste Asiático. ¡Y este pensador es el que afirma tranquilamente su preferencia por un universo en el que cada uno sea obligado a mantenerse en su lugar!

101. Sandel, *op. cit.*
102. Ibídem.

Uno de los lectores más entusiastas de Michael Sandel y de su teoría del mérito no es otro que Ismaël Le Mouël, el alumno «transclase» de la Escuela Politécnica de París que se horrorizó al descubrir que sus compañeros de promoción eran «inconscientes de su suerte». Sostiene la idea de introducir una parte de azar en las trayectorias de éxito como propone Michael Sandel y mezclar selección según las capacidades y un sorteo. Entre los 40.000 candidatos que se presentan cada año a Harvard o Stanford, Sandel pretende admitir a todos los que sean capaces de seguir la carrera y florecer en ella, es decir, alrededor de la mitad. Después, en lugar de pasar horas valorando el talento de cada uno, «tire los expedientes por las escaleras, recupere 2.000 y aténgase al resultado», ordena. Sandel llama a esto «el sorteo de los cualificados». Ismaël Le Mouël propone aplicar dicho método para la selección de entrada en la Escuela Politécnica: «En lugar de seleccionar a los quinientos mejores por concurso, en el que el éxito o el fracaso van de un octavo de punto, se eligen de manera aleatoria entre los cinco mil candidatos, los cuales han pasado todos por unas clases preparatorias muy selectivas». ¿Cómo pueden estar motivados estos cinco mil candidatos para trabajar duro durante sus años de preparación, cuando saben que su destino depende sólo del azar y no de sus esfuerzos? Ismaël Le Mouël no lo dice. En cambio, quiere generalizar este procedimiento al conjunto de la sociedad francesa. Y ve en ello la fuente de un doble progreso: «Los ganadores tienen que reconocer su suerte y, por consiguiente, dar muestras de humildad, por una parte. Y, por otra parte, los que no han sido seleccionados no sienten todo el peso del fracaso sobre sus hombros».

Y una vez solucionada la cuestión para las profesiones con un alto nivel de cualificación, se plantea la misma cuestión para las otras. ¿Acaso los campeones olímpicos, por ejemplo, no fanfarronean demasiado, ellos también? ¿Acaso los atletas que no son seleccionados para participar en los Juegos Olímpicos no lo pasan mal? ¿No se ven aplastados por el peso de su fracaso? Un fracaso muy relativo, como el de los primeros cateados de la Politécnica o la Normal Superior. Entonces, ¿por qué no pedir a cada país que mande, cada cuatro años, a atletas seleccionados por sorteo en cada federación a un gran cónclave del deporte donde las medallas se distribuyan después de una lotería gigante y festiva, lo cual evitaría llantos y frustraciones, puesto que los perdedores no serían en absoluto responsables de su fracaso y los ganadores serían totalmente ajenos a su triunfo? ¡Acabaríamos también con los campeones con múltiples medallas! El nombre de cada vencedor de una prueba se retiraría del bombo común para las siguientes. ¡Eso generaría más deportistas felices y más recompensados! ¡Anne Hidalgo tendría que inaugurar esta nueva manera de proceder, «pacífica, igualitaria y participativa», para los Juegos Olímpicos de 2024 en París! ¡Sin duda, esto complacería a su mayoría plural e inclusiva!

Aparte de este sorteo, Michael Sandel no propone nada tangible. Quiere que la utilidad social ocupe un lugar más importante en la fórmula mágica del mérito, y no se puede hacer otra cosa que aprobarlo:

> Para reparar los daños que inflige la máquina de seleccionar, no basta un simple aumento de las sumas destinadas a la formación profesional. Tenemos que replantear la manera en que valorizamos los diferentes tipos de empleos. Se podría empezar por deconstruir la jerarquía de la consideración que confiere a los estudiantes inscritos en las universidades de élite un honor y un prestigio mayores que los concedidos a los estudiantes formados en las universidades públicas locales, [...] se debería ver en el aprendizaje del oficio de fontanero, electricista o higienista dental una contribución al bien común y no un premio de consolación concedido a los que no pueden pasar las pruebas estandarizadas o pagar los gastos de escolarización de los centros de la Ivy League.

Esto representa, aplicado al caso francés, más o menos esperar un reequilibrio entre las universidades y las grandes escuelas, por una parte, y, por otra, rehabilitar los oficios en los que el corazón y la mano desempeñan un papel más importante que la cabeza, retomando los términos muy elocuentes de David Goodhart. Es una obra larga y dura, tan incierta como deseable. Exige alterar de arriba abajo los valores de la sociedad. Pero es apasionante.

Mucho más, en cualquier caso, que los numerosos alegatos por «la igualdad de plazas» o «la igualdad de posición» e incluso la «diversidad». Cada uno de estos conceptos es, en sí mismo, seductor. La igualdad de plazas, o de posición, se basa en la idea de que es conveniente reducir al máximo la separación que existe entre diferentes situaciones sociales. La «diversidad» pretende constituir una élite a imagen de la sociedad, a través de la discriminación positiva o del establecimiento de cuotas. Este enfoque puede mostrarse fructuoso siempre que responda a unos objetivos concretos en un entorno determinado. Por ejemplo, las disposiciones sobre la paridad mujeres/hombres en política, que han mostrado una cierta eficacia, aunque no siempre han escapado al ridículo, en especial con la institución obligatoria de «binomios» para las elecciones departamentales, que condujo a aumentar el número de electos, cuando el objetivo inicial consistía en reducirlos. Por ejemplo, la representación de las mujeres en los consejos de administración de las sociedades que cotizan en Bolsa que, gracias a la ley Copé-Zimmermann de 2011,[103] subió del 2 por ciento a más del 40 por ciento y contribuyó a aumentar la calidad de los debates y los trabajos, en opinión de los propios interesados.

De manera más general, el Estado providencia responde desde hace setenta años a esta preocupación a través de la redistribución. Ir más lejos, eliminando el mérito en provecho de la asignación de los puestos según el origen social o étnico no sólo tropieza con el sentido elemental de la justicia, sino que no disipará lo arbitrario y no hará desaparecer los privilegios indebidos, muy al contrario. Basada en este principio, la sociedad soviética era, entre otras taras monstruosas, una de las más desiguales que han existido.

El sociólogo François Dubet, especialista en educación,

103. La ley n.º 2011-103 del 27 de enero de 2011, relativa a la representación equilibrada de las mujeres y los hombres en los consejos de administración y control, llamada ley Copé-Zimmermann, prevé que, en el horizonte de 2017, la proporción de administradores de cada sexo no pueda ser inferior al 40 por ciento en las sociedades que cotizan en Bolsa.

es uno de los pocos entre los fervientes partidarios de la igualdad de los puestos que no rechaza el mérito sin algunas prevenciones. Sin embargo, considera que, en última instancia, hay que jerarquizar:

> El hecho de que queramos a la vez la igualdad de *plazas* y la igualdad de *oportunidades* no nos dispensa de elegir el orden de nuestras prioridades. En efecto, en términos *prácticos*, en términos de políticas sociales y de programas sociales, no se hace exactamente lo mismo según si se eligen primero las *plazas* o primero las *oportunidades*. Por ejemplo, no es lo mismo afirmar la prioridad del aumento de los salarios bajos y la mejora de las condiciones de vida en los barrios populares, y señalar la imperiosa necesidad de conseguir que los niños de estos barrios tengan las mismas oportunidades que los demás para acceder a la élite en función de su mérito individual para escapar a su condición. Puedo o bien abolir la posición social injusta, o bien permitir a los individuos que escapen de ella sin cuestionar la susodicha posición; incluso si deseo hacer las dos cosas, necesito elegir bien lo que voy a hacer *primero*.[104]

No obstante, esto lo conduce a esta extraña aserción: «En una sociedad rica pero necesariamente obligada a establecer prioridades, no es exactamente lo mismo elegir mejorar la calidad de la oferta escolar en los barrios desfavorecidos o ayudar a los alumnos desfavorecidos con más mérito

104. Dubet, François, «Égalité des places, égalité des chances», *Études*, tomo 414, primer trimestre de 2011.

para que tengan la oportunidad de llegar a la élite escolar y social». ¡Esto justifica la decisión tomada por Najat Vallaud-Belkacem de suprimir las becas para los estudiantes meritorios de origen modesto! Pero ¿no se pueden querer las dos cosas a la vez? ¿La calidad de la oferta escolar en los barrios desfavorecidos *y* la distinción de los alumnos con más talento y los más motivados de estos mismos barrios? De forma más concreta, ¿el primer objetivo no es necesario para hacer realidad el segundo? ¿No es gracias a una instrucción exigente desde la más tierna edad, y para todos, como el mérito podrá recuperar sus cartas de nobleza?

Sin embargo, numerosos intelectuales parecen partidarios de tirar el grano con la paja. Considerar el mérito responsable, incluso culpable, de la persistencia de las desigualdades. Pierre Rosanvallon,[105] por ejemplo, cita «una sólida encuesta» realizada en Francia en 2009, «Percepción de las desigualdades y sentimiento de justicia»,[106] según la cual el 90 por ciento de las personas interrogadas consideraban «necesario reducir la diferencia de ingresos, y un porcentaje todavía más importante estima que, para que una sociedad sea justa, debe garantizar a cada uno la satisfacción de las necesidades básicas (vivienda, alimentos, salud y educación). Es decir, un fallo abrumador en favor de condenar las desigualdades y formular una concepción ambiciosa de la justicia». Pero Pierre Rosanvallon señala que, al mismo tiempo, el 57 por ciento de las personas interrogadas consideraban que las desigualdades de ingresos son ine-

105. Rosanvallon, Pierre, *La société des égaux*, Seuil, París, 2011.

106. Forsé, Michel, y Galland, Olivier, *Les français face aux inégalités et à la justice sociale*, Armand Colin, París, 2011.

vitables para que una economía sea dinámica, y el 85 por ciento, que las diferencias de ingresos son aceptables cuando remuneran méritos individuales diferentes. Es lo que se llama «la paradoja de Bossuet», situación en la que se deplora en general lo que se consiente en particular. Las desigualdades, que parecen resultar de datos individuales más que de determinismos sociales, añade, «son al mismo tiempo susceptibles de ser aceptadas con mayor facilidad si tienen relación con diferencias de mérito socialmente reconocidas».

Nos puede aterrar si consideramos que los franceses son víctimas de una manipulación cínica y lograda por parte de las élites dirigentes. También podemos alegrarnos, porque una mayoría de los ciudadanos cree en las virtudes del mérito. Y manifiesta con ello su adhesión al contrato social republicano.

Quinta parte

La auténtica constatación

16

El mérito vergonzoso

Ese viernes 20 de mayo, en la escalinata del palacete de Rochechouart, en París, dos ministros de Educación Nacional se saludan. El que sale y el que entra. Todos los observadores escrutan este traspaso de poderes. Jean-Michel Blanquer, que abandona el cargo, siempre se las ha dado de gran defensor de la meritocracia republicana.[107] Se ha atraído las iras de una parte de la izquierda por su lucha contra el islamoizquierdismo, que según él mina la universidad francesa.[108] Ese mismo islamoizquierdismo —término

107. Al menos de palabra. Como se constatará a lo largo de estas páginas, la realidad es más compleja. Por el momento, señalemos sólo que Jean-Michel Blanquer prefirió reformar el segundo ciclo de secundaria en lugar del primero, quizá porque era más fácil y menos arriesgado políticamente. Sin embargo, según los propios profesores, es en el primer ciclo, y no en el segundo, donde se consolidan las principales y más flagrantes desigualdades.

108. El ministro se opuso vehementemente a las reuniones *en non-mixité raciale choisie* ('sin diversidad racial a propósito') celebradas por el sindicato Sud-Éducation 93 en 2017, contra las que interpuso una denuncia.

forjado por el filósofo Pierre-André Taguieff—[109] ha sido tachado públicamente de impertinente por su sucesor, el historiador Pap Ndiaye.[110] Así que el traspaso de poderes promete ser, si no tenso, al menos particular. Jean-Michel Blanquer toma la palabra para dar una verdadera lección de universalismo. Explica que la República es «consustancial a la educación nacional» y que «es esencial ser fiel a lo que nos ha constituido». Enuncia estos valores así: «libertad, igualdad, fraternidad y laicidad». Refuta la creencia comunitarista según la cual «la pertenencia de cada uno sería superior a la universidad republicana». Y añade: «Sí, la República es valiosa y debe defenderse todos los días».

Su sucesor se une a estas buenas palabras para rendir también homenaje a su «colega historiador, Samuel Paty» y señalar que es «un puro producto de la meritocracia republicana, cuyo pilar es la escuela». ¿Es esto una prueba de que el mérito está salvado? Sólo de palabra, porque en realidad el peligro de verlo descalificado nunca ha sido tan grande. Por eso Pap Ndiaye pronuncia a propósito esas palabras mágicas de *meritocracia republicana*: para contradecir a todos los que denuncian su nombramiento, el de un comunitarista hábil pero decidido, que sin duda se conside-

109. Pierre-André Taguieff forjó esta expresión, muy polémica, a principios de la década de los 2000, durante la segunda Intifada, para designar la alianza objetiva entre una parte de la extrema izquierda y los islamistas. Los militantes izquierdistas no se sentían en absoluto molestos por los *Allah akbar* coreados en las manifestaciones.

110. «El término *islamoizquierdismo* no designa ninguna realidad en la universidad. Es una manera de estigmatizar unas corrientes de investigación», declaró el 19 de febrero de 2021 Pap Ndiaye ante el micrófono de France Inter.

ra «más *cool* que *woke*»,[111] pero que nunca deja de recordar que también es un producto de la *affirmative action*, la política estadounidense que concede a las minorías accesos prioritarios a las universidades y a los empleos públicos.

Meritocracia republicana es una de las expresiones mágicas que son miel para los oídos de Emmanuel Macron, mientras que el mérito, el verdadero, compuesto a la vez de talento, esfuerzo y utilidad social, sólo se honra cuando las circunstancias lo imponen. Algunos temen que Pap Ndiaye, a juzgar por su recorrido, prefiera la igualdad de plazas a la igualdad de oportunidades. Y que destruya todo el edificio construido por Jean-Michel Blanquer durante cinco años. ¡Y piensan que aún queda alguna cosa por destruir! Con el período más largo jamás concedido a un ministro de Educación Nacional, el antiguo niño bonito del presidente sólo dejará en su haber, por lo que se refiere al mérito, una reforma y media. La reforma menor, pero también importante, es la escolarización obligatoria desde los tres años, para luchar contra la instalación de las desigualdades desde la más tierna edad. La mayor, el desdoblamiento de las clases en los barrios desfavorecidos en el momento de los aprendizajes fundamentales, en CP (6-7 años) y en CE1 (7-8 años), participa del principio de igualdad de oportunidades y de igualdad de plazas, reduciendo las injusticias debidas a la posición cultural, social y geográfica de las familias. Era una necesidad absoluta en un país que invierte, en términos relativos, menos en la escuela primaria que en el instituto,

111. Battaglia, Mattea, y Lecherbonnier, Sylvie, «Pap Ndiaye, un choix symbolique à la tête de l'éducation nationale», *Le Monde*, 22 de mayo de 2022.

donde lo esencial ya está decidido para el destino de cada uno. Según la OCDE,[112] el número de alumnos por profesor en la escuela elemental llega a 19,2 en Francia, frente a 14,3 de media en los países de la OCDE.

Éric Charbonnier, experto en educación en el seno de la OCDE y responsable de la encuesta PISA para Francia, considera el balance de estos desdoblamientos «más bien positivo»:

> Los estudios internacionales muestran que las desigualdades empiezan desde la más tierna edad. Durante mucho tiempo, Francia ha invertido poco en el primer grado: el gasto por alumno es un 9 por ciento inferior a la media de la OCDE en la escuela elemental, pero un 30 por ciento superior en el instituto. Por lo tanto, este dispositivo permite compensar un poco. El último estudio, publicado en septiembre de 2021, muestra una mejora del nivel de matemáticas de los alumnos en educación prioritaria, sobre todo en CP (6-7 años) y menos en CE1 (7-8 años), y una ligera progresión en comprensión escrita. Mantener al máximo las escuelas abiertas también fue algo bueno para evitar aumentar las desigualdades.[113]

Sin embargo, recordemos que esta medida sólo se aplica en REP y en REP+, y, por lo tanto, no afecta a todos los alumnos desfavorecidos. Los que residen en una zona rural, en especial, son los grandes olvidados del dispositivo. Sobre todo porque, al mismo tiempo, el recurso a los profesores

112. OCDE, «Regards sur l'éducation», septiembre de 2021.

113. Entrevista publicada en *Le Journal du Dimanche*, el 25 de marzo de 2022.

contratados poco o nada formados no deja de aumentar en la educación nacional. Y la mayoría de ellos se mandan a las zonas menos atractivas. Un estudio de *Marianne*[114] señala, en este sentido, que Seine-Saint-Denis es el departamento de la Francia metropolitana, es decir, la Francia situada en Europa, que ostenta el récord en el empleo de profesores contratados. ¡Algo falla en ese argumento!

«Amo visceralmente a Francia y quiero que todos los niños se beneficien del ascensor social y que la escuela les transmita el amor por su país»,[115] decía Jean-Michel Blanquer en 2019. Él mismo no dudaba en atacar la delectación taciturna de los sociólogos de la educación sobre el fracaso de la escuela que ellos mismos habían provocado con su apoyo sin fisuras a una ideología perniciosa. En enero de 2020 decía en *Le Point*:[116]

> Me parece que existe una tendencia, en la sociología francesa, a leer la sociedad sólo a través del prisma de las desigualdades. Ahora bien, como en física cuántica, el observador tiene un impacto sobre la cosa observada. Ocurre también que algunos sociólogos acaban por reforzar las desigualdades que denuncian al generar una especie de pesimismo de prin-

114. Cortes, Anthony, «Des “deuxième carrière” en renfort», *Marianne*, 16 de junio de 2022.

115. Schuck, Nathalie, «Heureux comme Blanquer dans son ministère», *Le Parisien*, 24 de febrero de 2019.

116. Cunéo, Louise, «L’école idéale de Jean-Michel Blanquer et d’Edgar Morin», *Le Point*, 4 de enero de 2020.

> cipio. Se ha creado en Francia, desde hace medio siglo, una atmósfera de fatalismo que se alimenta de esta sociología, la que insiste sin parar en lo que retrocede en materia de igualdad, sin ver nunca lo que avanza. [...] No niego las desigualdades, no caigo en un pensamiento positivo ingenuo, sino que me hago preguntas sobre esta especie de delectación sombría imperialista en la que están encerrados numerosos sociólogos y que produce círculos viciosos en el seno de la sociedad.

Esto en cuanto al discurso, seguro de sí mismo y directo al asunto. Los actos son menos brillantes, por ejemplo, en cuanto al rango que hay que atribuir a los profesores.

Según las cifras de la OCDE referentes al año 2019, los profesores franceses al principio de su carrera, con un salario bruto anual de 29.400 euros, se sitúan en el puesto 20 de 38, y pasan al 21 después de quince años de experiencia. «Ni un solo profesor de Francia que gane menos de 2.000 euros (netos) al mes en 2024», decía Jean-Michel Blanquer justo antes del inicio del curso escolar de 2021. Pero ese horizonte está muy lejos cuando los profesores han perdido el 20 por ciento de poder adquisitivo en veinte años. ¿Cómo se puede pretender instaurar la mayor igualdad de oportunidades posible pagando poco a los que se encargan de transmitir los conocimientos? El resultado es evidente: la puntuación de admisión a los exámenes de selección de profesores de las escuelas está en 6 sobre 20 en algunas academias, por ejemplo la de Créteil. Esto no es una novedad, pero la gran rueda de la mediocridad se puso a girar todavía más deprisa durante el primer mandato de Emmanuel Macron. Nada más lógico. El oficio de profesor de escuela, por ejemplo (menos de 2.000 euros al mes, incluidas las primas, al principio de la carrera), atrae cada vez menos, en gran medida a causa de su escasa remuneración. Desanima especialmente a aquellas y aquellos que pueden encontrar otras salidas mejor remuneradas, esencialmente los titulados de estudios científicos. Así que la cantera se reduce a los de letras y, debido a cllo, nos encontramos con profesores incapaces de hacer una regla de tres o de plantear una división...

Pero el dinero no lo es todo. La nobleza del oficio de profesor también se ha reducido a la mínima expresión. En 2019, Jean-Michel Blanquer puso en marcha una reforma del CAPES (Ccrtificado de Aptitud para la Enseñanza Secundaria), un concurso de reclutamiento de los profesores de secundaria que debe extenderse a la enseñanza elemental. Un primer borrador redactado a finales de noviembre por las dos principales direcciones del ministerio, la Dirección General de Recursos Humanos (DGRH) y la Dirección General de Enseñanza Escolar (DGESCO), en colaboración con la Dirección de Enseñanza Superior y de Inserción Profesional (DGESIP), prevé sustituir una parte de la selección basada en el dominio de conocimientos disciplinarios por la valoración de la capacidad de buscar información en Internet o también por una entrevista de motivación. ¡Como si enseñar fuera un oficio anodino!

La Sociedad Francesa de Filosofía se indignó ante estos términos, el 6 de diciembre de 2019, por este atentado al dominio de los conocimientos: «El examen escrito de carácter profesional se presenta de manera especialmente lamentable, como ejercicio de selección y de comentario de recursos disponibles en línea. Cualquier actividad pedagógica se reduce así a la "explotación" de estos recursos, con desprecio de lo que constituye lo esencial de las tareas formadoras en asignaturas como las matemáticas, las letras o la filosofía». La Facultad de Filosofía de Estrasburgo también empleó palabras muy duras para calificar este proyecto: «El digno oficio de profesor de filosofía se sustituye poco a poco por la función de educador polivalente, encargado, por su "experiencia" [sic], de mantener "una cultura general importante con el fin de despertar en los alumnos el gusto por el saber y construir su relación con el mundo", fórmula vaga que puede pasar por filosófica a los ojos de los que nunca han practicado esta disciplina, pero que indica una incomprensión grave del sentido y las finalidades de la enseñanza».

¿La gran reforma del bachillerato? Favorece, de manera casi mecánica, a los jóvenes procedentes de las clases sociales superiores, porque se benefician de consejos de iniciados, porque no sufren la presión de ningún techo de cristal, porque las horas dedicadas por la institución, sobre el papel, a orientarlos no siempre están presentes, ni en cantidad ni en calidad.

Esta reforma también tenía como objetivo permitir que los alumnos se beneficiaran, por fin, de clases durante el mes de junio, tradicionalmente sacrificado a la causa de los exámenes (primer ciclo de secundaria y bachillerato). ¡Un mes de enseñanza menos no es nada en un año escolar que tiene ocho! Por desgracia, esto no funcionó, y los alumnos de secundaria todavía se encontraban con demasiada frecuencia sin clases desde principios de junio, cuando el final de las clases estaba fijado oficialmente el 7 de julio. Por lo tanto, Jean-Michel Blanquer prolongó el año escolar... en los formularios oficiales.

Las exigencias requeridas para obtener el bachillerato también se parecen a una gran ola, a la que Jean-Michel Blanquer no tuvo el valor de ponerle fin. Se llegó a una especie de paroxismo en junio de 2022. El examen escrito del bachillerato francés propone el comentario de un texto de Sylvie Germain, extraído de su novela *Jours de colère*.[117] Apenas fuera del aula de examen, unos candidatos se sublevan a través de las redes sociales por la dificultad del fragmento y la toman violentamente contra la autora, a la que insultan y amenazan en un aterrador efecto de jauría. Sin embargo, no había ninguna trampa en aquella veintena de líneas, donde se explican dos términos considerados «complicados» (*venelle* ['callejuela'] y *séculaire* ['secular']). Sylvie Germain reacciona a este linchamiento: «¿Habrá que proponer a partir de ahora, en el examen de bachillerato, fragmentos de libros para niños? Y después, en el bachillerato de filosofía, ¿qué harán ante un texto de Platón, Kant o Sartre? ¿Hay que bajar los brazos a medida que baja el nivel de ciertos alumnos? ¿Hasta dónde se llegará en la facilidad, en la mediocridad?».[118] En efecto, ¿hasta dónde? Quizá con el fin de evitar un nuevo brote de rabia colectiva, las consignas dadas para las correcciones de este examen anticipado se

117. Germain, Sylvie, *Jours de colère*, Gallimard, París, 1989.

118. «Bac: jusqu'où ira-t-on dans la facilité, la médiocrité?», entrevista con Alice Develey, *Le Figaro*, 6 de julio de 2022.

colocaron en 2022 bajo el signo de la «benevolencia», al menos tanto como en los años anteriores. La ortografía «deficiente» no debe ser sancionada, mientras no altere la «inteligibilidad» del texto. ¿Que un texto es un auténtico asco, con tachaduras por todas partes? Esto es «señal de un candidato que se hace preguntas». Por lo tanto, es esencial «no penalizar la preocupación»...

En resumen, sobre todo no hay que molestar a nadie, eso importa más que la promoción del mérito. Por otra parte, en cinco años, Jean-Michel Blanquer no tocó, o sólo marginalmente, la reforma del primer ciclo de secundaria catastrófica iniciada por Najat Vallaud-Belkacem. Sin duda era demasiado peligroso, demasiado explosivo y... demasiado costoso. Se suprimieron las EPI y se restablecieron los horarios de latín y griego, pero no en su totalidad. Y las becas destinadas a los estudiantes meritorios no se restablecieron en absoluto, como tampoco se restituyeron los internados de excelencia a su versión original. En la época en que se creó el primero de ellos, en Sourdun, Sena y Marne, Nicolas Sarkozy era presidente de la República, y Jean-Michel Blanquer, director general de Enseñanza Escolar (DGESCO). Se trataba de permitir que los alumnos trabajadores y prometedores cuyas condiciones familiares no eran favorables a los aprendizajes pudieran beneficiarse de un entorno propicio para el estudio y el desarrollo cultural. Se crearon algunos centros del mismo tipo, sobre todo en París, donde no fue tarea fácil. Y después llegó François Hollande al Elíseo. Y tras sus huellas, se sucedieron tres ministros de Educación Nacional[119] que suprimieron este dispositivo debido a que era muy costoso y era mejor repartir el dinero para todo el mundo. Exactamente el mismo razonamiento que para las becas al mérito.

Pero, contrariamente a éstas, los internados se restablecieron bajo el mandato de Emmanuel Macron. Aunque no exactamente a su estado inicial. Ahora se llaman «internados del éxito» y han surgido un poco por todas partes en el territorio. Pero ya no responden en nada al objetivo inicial. Por lo tanto, es como si el mérito ciertamente fuera un valor, pero más bien vergonzoso, susceptible de disgustar a la vez a los sindicatos y a la jerarquía administrativa, los dos pilares del Ministerio de Educación Nacional.

119. Vincent Peillon, Benoît Hamon y Najat Vallaud-Belkacem.

17

El infierno Affelnet

Affelnet es la «*aff*ectation des *él*èves par le *net*» ('asignación de los alumnos mediante Internet'). Es decir, la modernidad al servicio de la educación. Desde 2008, un algoritmo es el que «decide» a qué instituto se asignará cada alumno. Según el sitio web oficial «Portail orientation», se trata de un avance considerable...

Affelnet es un instrumento relativamente anodino en la mayoría de los territorios. En cambio, se convierte en el nervio de la guerra escolar en las grandes ciudades, especialmente en París. Debido a que pueden elegir, pero también debido a que existen centros poco deseables en términos de nivel, calidad de la enseñanza, ambiente general e incluso de violencia, muchos padres se toman muy en serio la asignación de sus hijos desde el primer ciclo de secundaria, a veces desde la escuela elemental.

Antes de Affelnet, los directores de los cuarenta y dos institutos parisinos se reunían todos en una sala del rectorado cercana a la plaza Gambetta, en París. Un exdirector recuerda su experiencia al respecto:

> Recuerdo mi primer día en un instituto del distrito XIV que no tenía buena reputación. Había ocho clases de segundo (15-16 años) y, sin embargo, sólo había unos ochenta alumnos inscritos, es decir, una decena por clase. Expresé mi sorpresa ante los profesores, que me explicaron que, en los días siguientes, llegarían los que habían sido rechazados de todas partes. Era cierto. Al final del año, cuando me dirigí a Gambetta para las asignaciones del inicio del curso siguiente, vi unas cajas de cartón que llevaban cada una el nombre de un instituto. En el interior, estaban los expedientes de los alumnos que se presentaban. El mío estaba vacío. Mi trabajo de selección, si puedo decirlo así, empezaba cuando el de mis colegas había terminado. Yo llenaba mis clases con alumnos que no nos habían elegido y que se encontraban allí por relegación.

Por lo tanto, Affelnet ahora evita esta tarea a los directores de instituto. E intenta poner fin a la segregación escolar. ¡Pero a qué precio! Es muy sencillo, un excelente alumno que sale de un colegio reputado de primer ciclo de secundaria no tiene ninguna posibilidad de ser admitido en un instituto considerado de los buenos. ¿Absurdo? Sí, pero muy real.

En París, el rector Christophe Kerrero decidió acelerar el movimiento desde el inicio de curso de 2021 con tres objetivos oficiales: reforzar la satisfacción de las familias, favorecer la proximidad geográfica, pero, sobre todo, promover la mezcla social y escolar.[120] Algunos economistas de la

120. La mezcla social se refiere a la categoría socioprofesional de los padres y a la mezcla escolar en lo referente a los alumnos. Algunos estudios tienden a demostrar que la mezcla de alumnos de todos los niveles en el

educación, una nueva disciplina en plena expansión, dominada por discípulos de Thomas Piketty, trabajan en la erradicación de las desigualdades en el sistema escolar. Un noble objetivo, puesto que el mérito no es más que un valor descarriado si disimula un fuerte determinismo social. Pero el infierno a menudo está empedrado de buenas intenciones.

Han ayudado al ministerio a inventar el IPS, o índice de posición social. Este índice no sólo mide el desahogo financiero, sino también el capital cultural. Si los dos progenitores son profesores, el índice de posicionamiento social de su hijo está en el cénit. En función de los IPS de sus alumnos, los centros educativos de primer ciclo de secundaria se clasifican en tres categorías: socialmente favorecido, intermedio o desfavorecido. Para la elección del instituto, pertenecer a la primera aporta 1.200 puntos de bonificación, a la segunda, 600 puntos y, a la tercera, 0 puntos en Affelnet.

La cabeza pensante de esta innovación se llama Julien Grenet. Este economista es a la vez el inspirador y el garante de las modificaciones en París ejecutadas por el algoritmo.

Un vehículo extraño, del que el común de los mortales tiene prohibido levantar el capó. En efecto, los padres, a menos que lo soliciten expresamente al rectorado, no tienen acceso a la «ficha de calificación» que explica la asignación de su hijo a un instituto concreto.

Y el nivel del alumno, su capacidad de progresar, de esforzarse, casi no cuenta para nada, a través de varios juegos

mismo centro mejora los resultados generales. La mezcla escolar se consigue de forma natural en los territorios rurales. No ocurre así en las grandes ciudades, especialmente en París, donde coexisten institutos excelentes y otros muy mediocres.

de manos. Atención, es un poco complicado, pero totalmente alucinante.

Para resumir: un excelente alumno, que tenga una media de 20/20, no puede acceder a un instituto muy bueno si viene de un centro considerado como favorecido. O, dicho de otra manera, las notas son la última rueda de la carroza Affelnet.

El algoritmo atribuye cierto número de puntos en función del sector en el que se encuentra el centro elegido (entre 16.800 y 32.640). Cinco institutos están situados en el «sector 1» para cada elección. En esta «cesta», uno está muy solicitado, otro es bueno, el tercero es regular, el cuarto es mediocre y el quinto forma parte de los que nadie querría elegir. Su elección aporta 32.640 puntos, frente a 17.760 y 16.800 para los sectores 2 y 3, que, por lo tanto, hay que olvidar porque la diferencia es importante, en comparación con los escasos puntos concedidos a los demás criterios.

Segundo tamiz: el de la mezcla social. A la bonificación por beca (600 puntos), se añade la bonificación por IPS (0, 600, 1.200 puntos según la calidad de favorecido o no del colegio). El objetivo asumido del rectorado consiste en incitar a los padres mejor informados a aceptar inscribir a sus hijos en colegios poco deseables, con el fin de aumentar sus posibilidades de poder orientarlo después hacia un buen instituto gracias a la bonificación por IPS.

Tercer filtro: los «puntos de competencia», atribuidos al alumno por su centro en función de su adquisición de «competencias». Señalamos que sigue sin tratarse de conocimientos disciplinarios ni de nivel escolar, sino de valorar ocho «aptitudes» especialmente vagas, pulidas por el primer ministro de Educación Nacional de François Hollande, Vincent Peillon, referentes a «los métodos y las herramientas para aprender» (1), «la formación de la persona y el ciudadano» (2), «los sistemas naturales y los sistemas técnicos» (3), «las representaciones del mundo y de la actividad humana» (4), así como las lenguas para expresarse y comunicarse «utilizando la lengua francesa escrita y oral» (5), «utilizando una lengua extranjera y, dado el caso, una lengua regional» (6), «utilizando los lenguajes matemáticos, científicos e informáticos» (7) y «utilizando los lenguajes de las artes y del cuerpo» (8). Cada ítem puede aportar entre 120 puntos (insuficiente) y 600 puntos (muy satisfactorio). Es decir, una puntuación máxima de 4.800, que no se basa en absoluto en notas o valoraciones escritas, sino en una *percepción*, por emplear un término de moda.

Y finalmente, la última rueda de la carroza es el nivel del alumno, que, en teoría, puede aportarle hasta 4.800 puntos también. ¡Pero sólo en teoría! La economista Marion Oury, profesora universitaria de París-Dauphine y madre de un alumno del instituto Henri-IV, se tomó la molestia de analizar las fórmulas del algoritmo, afectada por una especie de terror retrospectivo cuando comprendió que, por un par de años, su hijo no habría podido seguir su trayectoria de excelencia.[121]

En efecto, Affelnet está diseñado para empequeñecer

121. Marion Oury es la autora de un excelente artículo publicado en *Le Figaro* el 25 de mayo de 2022: «Les très bonnes notes ne sont plus décisives pour accéder aux très bons lycées parisiens» ('Las notas muy buenas ya no son decisivas para acceder a los institutos parisinos muy buenos').

los resultados de los alumnos con los mejores rendimientos. De entrada, cuenta de cinco en cinco. En cada asignatura, el primer intervalo de 0/20 a 5/20 aporta 3 puntos, después 8 para una nota comprendida entre 5/20 y 10/20, 13 entre 10/20 y 15/20, y 16 para notas superiores. Por lo tanto, un 15,1 vale tanto como un 19,9. Ser bueno o ser excelente es lo mismo. Después, todas las asignaturas son equivalentes o casi. La Educación Física cuenta casi lo mismo que las Matemáticas (coeficiente de 4 frente a coeficiente de 5). Por último, digamos que, para corregir las desigualdades de puntuación entre colegios, la fórmula mágica efectúa una nueva atenuación: cuanto mayor sea la dispersión de las notas en una asignatura, menor es el número de puntos que ésta proporciona. Por consiguiente, un excelente alumno en Artes Plásticas, en Educación Física o en Música obtendrá más que si brillara en Matemáticas o en Francés, porque la dispersión de las notas es más baja en las asignaturas menores que en las que son decisivas.[122] Por ejemplo, las notas de una clase de tercero (14-15 años) se escalonan con mayor frecuencia de 2 a 19 en Matemáticas que en Música o en Educación Física.

Marion Oury pone ejemplos concretos: obtener un 20/20 en Matemáticas durante tres trimestres, es decir, un año escolar completo, aporta... 111 puntos, muchos menos

122. Para los que no temen a las matemáticas, la nota final de mates (NF_{mates}) se calcula así: $NF_{mates} = (10 \times (^{m3Tmates - \mu mates)} + 100) / {}^{\sigma}mates$, donde m3T es la media de los tres trimestres, μ la media parisina en esta asignatura y σ la desviación típica de la distribución de las medias parisinas, que caracteriza la dispersión de las notas. Dado que σ es el denominador de la fórmula, cuanto más alto sea, menor es el número de puntos que aporta la asignatura.

que la bonificación por IPS o que un «muy satisfactorio» atribuido a la competencia de «expresarse y comunicarse utilizando los lenguajes de las artes y del cuerpo»; progresar pasando de 10 a 20 de media en todas las asignaturas en cada trimestre se gratifica con alrededor de 350 puntos, una puntuación incapaz de rivalizar con la bonificación por IPS.

«Nuestro objetivo es el alumno normal», reivindica Christophe Kerrero.[123] ¡En efecto!

Todo parece a propósito para no recompensar a los alumnos que se sitúan por encima de la media por su talento, pero también por sus esfuerzos. Entre sus múltiples sacrilegios, Affelnet no tiene en cuenta las opciones elegidas en el colegio, es decir, el griego y el latín. La voluntad de instruirse manifestada a una edad en la que debería recompensarse simplemente se ignora. «Lo que se deja de lado es la propia instrucción», deplora Romain Vignest, catedrático de Letras Clásicas y presidente de la Asociación de Profesores de Letras.[124] A partir del inicio de curso de 2022, es probable que los alumnos latinistas de buen nivel sean desbancados por alumnos de nivel medio propulsados por el algoritmo y favorecidos por los puntos de bonificación por IPS. «Si la institución no reconoce los esfuerzos de los alumnos de talento y trabajadores procedentes de la clase media, en provecho de farsantes promovidos porque están becados en un colegio desfavorecido, no estoy seguro de percibir dónde está la justicia», continúa Romain Vignest.

123. Entrevista del 29 de marzo de 2022.

124. Entrevista del 30 de marzo de 2022.

En efecto, la justicia parece adquirir un sentido muy especial para los defensores de Affelnet, puesto que consiste en pisotear los criterios de asignación para obtener un «alumno normal» —el que interesa al rector Kerrero—, parecido al que había en la URSS, un *Homo sovieticus*. El número importante de puntos (4.800 exactamente) que corresponde a la adquisición de «competencias» ilustra este deseo de conformismo manifestado por la institución. En efecto, se trata de medir las «habilidades sociales», de gratificar el «compromiso», en suma, de proceder a una evaluación que no está muy alejada de la nota social al estilo chino.

Por lo tanto, según la doctrina Affelnet, que ha pasado por todas las alternancias desde 2008, es posible cifrar por completo el nivel de un alumno, lo cual deja un poco perplejo a cualquier profesor digno de este nombre. ¿Qué ha ocurrido con el gusto por el conocimiento, la participación en clase y el progreso personal? Ésa no es la cuestión. Un profesor nos cuenta hasta qué punto le interesa al director del colegio en el que enseña la recogida de tapones por los alumnos organizada por una asociación de ayuda a los discapacitados. Loable intención, aunque bastante alejada de la transmisión de conocimientos. La participación en esta actividad, oficialmente facultativa en un centro educativo público, ¿cuenta en la nota de competencia? Misterio. Sin embargo, podría contar, en la categoría de «formación de la persona y el ciudadano», por ejemplo.

El rectorado de París, el Ministerio de Educación Nacional e incluso el Elíseo están muy satisfechos de este genial hallazgo algorítmico, puesto que ha permitido alcanzar los objetivos de diversidad, al menos sobre el papel. Parece que ninguna de las grandes mentes que en teoría sirven al interés general hayan considerado en algún momento que querer mezclar a los alumnos a cualquier precio para obtener unas estadísticas favorecedoras fuera una solución muy defendible. Esto permite elaborar una bonita tabla de Excel, pero en vez de eso podrían haber deseado mejorar el nivel de instrucción en todos los colegios, para tratar el mal desde la raíz. Sólo que eso es mucho más difícil.

Mientras el rectorado de París continúa su política de la hoja de cálculo igualadora, algunas familias ya han decidido continuar escolarizando a sus hijos en «buenos» colegios y después inscribirlos en la enseñanza privada a partir de segundo (15-16 años) si la trituradora Affelnet decide asignarlos a un instituto poco deseable. Julien Grenet y todos los promotores de un Affelnet considerado justo y virtuoso contribuyen pues, de hecho, a empeorar la fractura escolar y social. Porque los iniciados, los que disponen a la vez de los medios financieros y la información necesaria, son los únicos que no se dejan aplastar por un algoritmo.

¿Es una casualidad? La empresa privada de enseñanza Ipesup, hasta entonces especializada en la preparación para las oposiciones, abrió en el Barrio Latino, en el triángulo de oro de los «buenos centros educativos», un centro privado «para llegar más lejos que el instituto desde segundo». La promesa: «desarrollarse plenamente y construirse en la excelencia». La tarifa: un poco más de 11.000 euros por año escolar.

18

Los indignados de la excelencia

Para Affelnet todo habría podido continuar funcionando así, en el atrio de la mediocridad, si el rectorado de París no hubiera decidido, para el inicio de curso de 2022, forzar su ventaja y luchar contra los dos últimos bastiones de la excelencia, los institutos Louis-le-Grand y Henri-IV. Hasta entonces, estos dos centros educativos gozaban de una exención por lo que respecta al algoritmo. Elegían a sus alumnos a partir de expedientes y cartas de motivación. Un jurado compuesto por profesores examinaba las candidaturas con lupa y seleccionaba los perfiles que le parecían más adecuados para encajar en un molde muy exigente. Nada de fórmulas alambicadas, medias suavizadas y notas escalonadas de cinco en cinco. ¡Un 15,1 no era lo mismo que un 19,9 a los ojos de estos dos institutos! Las valoraciones de los profesores de los colegios de origen también se leían con mucha atención, porque un alumno no se reduce a una serie de cifras y su destino no puede ser el resultado de éstas. Todo eso se ha acabado. Louis-le-Grand y Henri-IV ahora tienen que seleccionar a sus futuros alumnos a través de Affelnet. ¡Sin excepciones! ¡La misma regla para todos! ¡Que se fastidien los alumnos excelentes! La mayoría de las veces, cometen el error de tener un IPS estratosférico y unos padres muy motivados por su educación.

El 20 de febrero de 2022, un colectivo llamado «Sauvons le mérite» (Salvemos el mérito) publicó en *Le Journal du Dimanche* un artículo titulado: «Señor Blanquer, no mate la meritocracia». Unos días antes, había intentado una primera súplica en las columnas de *Le Monde*. Objetivo: que el ministro diera marcha atrás a la decisión de acabar —bruscamente y sin concertación previa— con la selección a partir del expediente efectuada directamente por los institutos parisinos Henri-IV y Louis-le-Grand. El colectivo, que agrupa en especial a antiguos alumnos, padres de alumnos y profesores de estos dos centros educativos, considera Affelnet como una máquina infernal, la del antimérito, que permite a la mediocridad suplantar a la excelencia gracias a los puntos de bonificación de todo tipo, IPS o «competencias» vagas.

El artesano de esta reforma, el rector Kerrero, fue durante más de tres años el director de gabinete de Jean-Michel Blanquer. Por lo tanto, no hay ninguna posibilidad de que haya puesto en marcha esta iniciativa sin la bendición del ministro, e incluso del Elíseo.

Emmanuel Macron es un exalumno del Henri-IV. No se opuso a la banalización de su antiguo instituto y quizá ni siquiera se afligió por ello. En efecto, el presidente parece alimentar un apego como mínimo paradójico por sus lugares de formación. ¿Acaso no quiso acabar con la ENA, de la que había sido alumno, y con la inspección de Finanzas, de la que fue un miembro especialmente mimado por uno de sus antiguos mentores, Jean-Pierre Jouyet? Es evidente que el jefe del Estado no ve ningún inconveniente en destruir el sistema en el que se educó.

Por otra parte, la reforma de la asignación en los institutos parisinos figuraba por escrito en la carta de nombramiento de Christophe Kerrero cuando tomó posesión de su cargo, en verano de 2020. Empezó por adquirir práctica con los que ofrecían la menor resistencia y no gozaban de un acceso a los medios de comunicación.

Para responder a la campaña lanzada por el colectivo «Sauvons le mérite», publicó en *Le Figaro* un artículo titulado: «Nuestro objetivo, que el joven Camus de hoy pueda beneficiarse de la excelencia».[125] Introduce así su alegato: «Recordemos de entrada que cada instituto parisino tiene vocación de ser un instituto de excelencia». Una frase que podría figurar en cualquier manual de adoctrinamiento de una democracia popular, puesto que niega la realidad, en otras palabras, las diferencias abismales entre los distintos centros educativos de la capital. Para él, imponer al Henri-IV y al Louis-le-Grand que pasen por el aro es mantener la promesa de la excelencia republicana y poner fin a un insoportable microcosmos. Para apoyar sus declaraciones, señala que los dos institutos prestigiosos sólo cuentan con

125. Kerrero, Christophe, «Méritocratie au lycée: "Notre but, que le jeune Camus d'aujourd'hui puisse bénéficier de l'excellence"», *Le Figaro*, 2 de febrero de 2022.

el 8 por ciento de becados en segundo (15-16 años), frente al 23 por ciento de media en París. Tiene razón, es fastidioso. Pero ¿no había medios menos radicales para solucionar esta diferencia?

Para justificar su decisión de hacer entrar a los dos institutos más prestigiosos de Francia en el molde común, el rectorado se apoya en los trabajos del imprescindible Julien Grenet, por otra parte exalumno del Henri-IV, como Emmanuel Macron. Garante y evaluador del nuevo Affelnet parisino que ha contribuido a reformar, este economista quiere demostrar que el nuevo modo de reclutamiento no comportará ninguna disminución de nivel y sólo tendrá efectos positivos.[126] Por lo tanto, efectúa una simulación que concluye en este sentido: más becados (15 por ciento es el objetivo —modesto— del rectorado) y las mismas buenas notas. Sin embargo, varios de sus colegas economistas observan numerosos sesgos en su estudio, en especial lo que llaman un «sesgo de cohorte»: consiste en que los candidatos que marcarán una casilla en Affelnet son los mismos que los que se tomarían la molestia de escribir una carta de motivación y enviar su expediente escolar completo, valoraciones incluidas, lo cual parece poco realista.

Además, Julien Grenet utiliza también las «auténticas medias» de los candidatos, mientras que el algoritmo sólo considera intervalos de cinco en cinco. Por último, tiene en cuenta como indicador de éxito los resultados del bachillerato, que no son muy pertinentes por varias razones: las

126. Charousset, Pauline, y Grenet, Julien, «Henri-IV, Louis-le-Grand et la méritocratie», publicado el 11 de febrero de 2022 en el sitio web *La Vie des idées* del Colegio de Francia.

notas de control continuo que cuentan para el bachillerato son tradicionalmente más bajas en los institutos de excelencia; los alumnos del Henri-IV y del Louis-le-Grand consideran este examen como una simple formalidad y se interesan más por el premio extraordinario[127] o por su admisión en clases preparatorias; en especial, las notas del bachillerato, dado que están cada vez más desvalorizadas y tendentes hacia la media por las diferentes rectificaciones a las que se someten, no pueden constituir un indicador fiable.

En resumen, el rectorado de París, y detrás de él el Gobierno, han decidido retirar su singularidad a estos dos institutos de excelencia, que cada año admiten a unos centenares de alumnos de segundo (15-16 años), para demostrar su adhesión a esta igualdad de oportunidades. Es una operación de comunicación, ni más ni menos, que, por otra parte, no mejorará en absoluto el funcionamiento del ascensor social a escala nacional.

En el seno del área de Educación Nacional, algunos altos funcionarios soportaban mal la arrogancia de los equipos del Louis-le-Grand y del Henri-IV, y todavía peor tener que contentarse con firmar, cada año, las hojas de asignación decididas por otros, sin poder decir ni una palabra. Ahora se han liberado de esa frustración.

Y tienen una misión: destruir el microcosmos de una especie de izquierda brahmán[128] —sería mejor llamarla «iz-

127. El premio extraordinario de bachillerato está formado, en treinta asignaturas, por exámenes más exigentes y más largos que los del bachillerato.

128. Recuperando la expresión de Thomas Piketty que, en un artículo publicado en 2018 («Gauche brahmane contre droite marchande: la hausse

quierda caviar»—, que habría privatizado dos institutos de excelencia para asegurar el futuro de sus retoños y que se cargaría la meritocracia para preservar mejor sus privilegios. En apoyo de esta tesis, Julien Grenet publica unas gráficas sobre el origen sociocultural de los alumnos: en el Henri-IV y el Louis-le-Grand, el 80 por ciento pertenecen a la categoría de «muy favorecidos» (empresarios, profesiones liberales, directivos, profesiones intelectuales). Es cierto, pero entre ellos también hay hijos de profesores, que no son especialmente unos magnates, que se sepa. «Si se mete al Henri-IV y el Louis-le-Grand en el lote común, hay que asumir, y decirlo bien alto, el hecho de que se quiere castigar a los padres que han elegido el oficio de profesor para dedicar tiempo a sus hijos», se sublevaba la madre de un alumno. Un poco excesivo, pero no completamente falso. Porque existen precedentes, como indica un documento de la FCPE (Federación de Consejos de Padres) del instituto Condorcet, un excelente instituto parisino, que ya pasó por la trituradora del nuevo Affelnet para el inicio del curso 2021: ningún alumno del colegio Condorcet pudo entrar en el instituto Condorcet. ¡Ninguno! Es lícito preguntarse si la injusticia simplemente no ha cambiado de bando. Y si la valoración del mérito no ha abandonado la mente de ciertas eminencias del rectorado: «Bueno, estoy de acuerdo en que

---

des inégalités et le changement de structure du conflit politique, en France, en Grande-Bretagne et aux États-Unis, 1948-2017» ['Izquierda brahmán contra derecha comerciante: el aumento de las desigualdades y el cambio de estructura del conflicto político, en Francia, Gran Bretaña y Estados Unidos, 1948-2017']), califica así una corriente política que se convirtió en la de la élite intelectual y, por consiguiente, indiferente a las inquietudes y las preocupaciones de los menos educados.

si queda una plaza para dos alumnos, se elija al que tenga la media más alta», me asegura muy relajada una de ellas cuando le pregunto sobre la manera en que se efectúan las asignaciones, este año I de la revolución Affelnet para el Henri-IV y el Louis-le-Grand. Seleccionar a los mejores: ¡en efecto, parece una buena idea!

La bazofia que se oculta detrás del algoritmo es, en realidad, un poco más artesanal. En el mes de junio de 2022, la máquina se puso en marcha y escupió, para los dos institutos de excelencia, alrededor de dos veces más solicitudes que los años anteriores. Por lo tanto, el rectorado esperaba poder encontrar en este vivero ampliado suficientes perlas raras que fuesen a la vez beneficiarias de una beca y ejemplares en términos escolares. En efecto, el objetivo es obtener un porcentaje de becados del 15 al 20 por ciento entre los alumnos procedentes de los centros educativos parisinos. Así que una parte del trabajo se hizo a mano, el domingo 12 de junio, después de hacer girar Affelnet una primera vez, para que tuviese en cuenta sólo los datos escolares, esos puntos la mayoría de los cuales, recordémoslo, se obtienen no gracias a las matemáticas o el francés, sino gracias a las «competencias» en materia de ciudadanía o de expresión corporal y artística.

Y entonces se seleccionan a los candidatos que tienen una «calificación» suficiente entre becados y no becados. Los primeros reciben un empujoncito, aunque con la condición de no descender demasiado. ¡Un ejercicio muy delicado!

El rectorado no cambia de idea: es la única manera de obtener, en estos dos centros de excelencia, una población de alumnos que sea representativa de la sociología parisina. El ensayista Sylvain Fort, antigua «pluma» de Emmanuel Macron, se convierte en el abogado de este proceso: «Que las clases preparatorias de los grandes institutos seleccionen a sus alumnos parece claramente corresponder con la meritocracia. Por una razón simple: los alumnos de preparatorio tienen que superar concursos para clasificarse [...]. La lógica del concurso es la quintaesencia de nuestro sistema meritocrático. Ha hecho funcionar a pleno rendimiento el ascensor social durante años [...]. Los años de instituto no se ratifican por un concurso, sino por un examen. Por consiguiente, ¿de qué sirve acumular alumnos excelentes en el mismo lugar para preparar una prueba que seguro que aprobarán?», escribía en *L'Express*,[129] antes de denunciar cierto número de sesgos que considera perniciosos. Primero, competitivo: estudiar en uno de estos centros constituiría una ventaja competitiva indebida. Así es, pero también ser admitido en una de sus clases preparatorias. También geográfico, ya que todos los alumnos seleccionados residen en Île-de-France. No es exacto, puesto que se fija de antemano una cuota de candidatos procedentes del resto de Francia. Quizá es demasiado baja, quizá hay que revisarla, pero meter al Louis-le-Grand y al Henri-IV en Affelnet no cambiará nada. Además, un sesgo de notoriedad: algunos alumnos no conocían el procedimiento para

129. Fort, Sylvain, «Louis-le-Grand et Henri-IV, des niches scolaires pernicieuses», *L'Express*, 7 de febrero de 2022.

solicitar la admisión en uno de los dos centros a través de una candidatura por expediente. Esto parece harto improbable, puesto que en los colegios desfavorecidos los profesores se desloman para impulsar a sus mejores alumnos hacia las «Cordadas del Éxito», para que puedan descubrir, cada miércoles, el instituto Henri-IV y puedan beneficiarse de clases de cultura general, matemáticas e historia, así como de salidas culturales. Por último, un sesgo sociológico: el porcentaje de becados es inferior al de los preparatorios... Es cierto, puesto que las clases preparatorias tienen que admitir a un 30 por ciento de becados, según un deseo emitido por Jacques Chirac en 2006 y retomado por Nicolas Sarkozy. Pero los criterios de atribución de las becas en la enseñanza superior son mucho más amplios que en secundaria, sobre todo con una importante cohorte de «niveles cero», que no reciben ninguna asignación, pero no tienen que pagar gastos de inscripción o de concurso.

Sin embargo, la observación de Sylvain Fort es esclarecedora. ¿Por qué no obligar al Henri-IV y al Louis-le-Grand a aumentar el porcentaje de alumnos becados y a la vez permitirles efectuar ellos mismos la selección? La exigencia que demuestran puede parecer caricaturesca, pero no dio, hasta entonces, malos resultados en materia de excelencia.

Tony, hijo de una mujer de la limpieza de Isère, ofrece un testimonio aterrador pero finalmente muy comedido e instructivo en *Le Monde*, cuando la polémica está en su apogeo. Cuenta el choque que experimentó cuando entró en segundo (15-16 años) en el Henri-IV, el único de su especie o casi en medio de los «hijos de...», que abogan por una bajada del SMIC (salario mínimo interprofesional de crecimiento) bien calentitos en su mansión. Cuando estaba en primero (16-17 años), se vino abajo y regresó a casa, pero el método adquirido le permitió recuperarse más tarde y hacer unos estudios brillantes. Le parece hipócrita hablar de meritocracia en referencia a estos dos centros educativos: «La "excelencia" ya no debe reservarse a los herederos y a un puñado de "elegidos"»,[130] dice. Pero también es escéptico sobre la selección por algoritmo, que no le habría permitido «realizar (su) trayectoria».

Este testimonio plantea, en el vacío, la única pregunta pertinente: ¿centrarse en la excepción del Louis-le-Grand y el Henri-IV es realmente promover la igualdad de oportunidades? ¿No sería mejor crear, un poco por todo el territorio, réplicas de estos dos centros educativos parisinos? En suma, banalizarlos, pero en el sentido contrario, en el de la excelencia.

De no ser así, la búsqueda imposible de la igualdad perfecta conducirá a tirar el grano con la paja. Jean-Yves Chevalier, profesor de clases preparatorias en el instituto Henri-IV, expresaba así sus temores en un artículo publicado por *Marianne*:

> La próxima etapa corre un gran riesgo de ser el replanteamiento de los concursos (poco de esto, demasiado de aquello), es decir, de la base republicana. ¿Alguien cree que «atenuando» el nivel y las notas se va a formar a los futuros ingenieros de las centrales nucleares, a los científicos capaces (por fin)

130. Naselli, Adrien, «J'ai compris que j'étais pauvre en arrivant au lycée Henri-IV», *Le Monde*, 15 de marzo de 2022.

de producir nuevas vacunas y reindustrializar el país? ¿No se ha atenuado bastante el nivel de los jóvenes franceses, penúltimos en la clasificación de los países de la OCDE respecto a los resultados en matemáticas?[131]

En julio de 2022, el francés Hugo Duminil-Copin obtuvo la Medalla Fields, la distinción mundial más importante en matemáticas, a los treinta y seis años. Espontáneamente, cuenta cómo lo consiguió: gracias a su admisión en el instituto Louis-le-Grand, en clase de primero (16-17 años). Procedía de un centro educativo de la periferia. Al inicio del año escolar, era el último. Al final, había superado a todos sus compañeros. Con el añadido de una nueva pasión por las mates... Esto quizá debería hacer reflexionar a toda la cadena de decisión que, desde el presidente de la República hasta el rector de París, quiere mostrar, «cueste lo que cueste», una cierta desconfianza hacia la excelencia...

131. Chevalier, Jean-Yves, «Non, Henri-IV et Louis-le-Grand ne sont pas des usines à héritiers apatrides!», *Marianne*, 27 enero de 2022.

Sexta parte

Lo pueden hacer mejor...

19

Había una vez la ENA

Si el mérito es esa sutil alianza entre el talento, el gusto por el esfuerzo y la contribución al interés general, ¿dónde, cuándo y cómo ha sido posible obtenerlo? ¡Pregunta difícil e investigación peliaguda! Buscando bien, curiosamente es la ENA, en sus inicios, la que parece responder mejor a estos criterios exigentes. El talento: un concurso selectivo se ocupa de detectarlo. El esfuerzo: imposible llegar hasta el gran examen oral sin haberse esforzado. ¿La contribución al interés general? Michel Debré, fundador de la institución, veló por que las primeras promociones acogieran a jóvenes resistentes, personas brillantes que, contrariamente a muchos de sus condiscípulos, habían renunciado a empollar en la comodidad de su habitación para combatir al ocupante nazi.

Entre ellos, Claude Alphandéry, alumno del instituto del Parc de Lyon, convertido en teniente coronel de las Fuerzas Francesas del Interior. Cuando Emmanuel Macron anunció la supresión de la ENA, en abril de 2019, en su conferencia de prensa destinada a responder a los Chalecos Amarillos, Alphandéry protestó en *Libération* contra la «traición de los eruditos»: «Debido a que aprobé el primer concurso de la ENA, después dimití por inseguridad sobre mi vocación y luego volví a aprobar en la segunda promoción llamada especial, tengo algunos recuerdos de los inicios de esta escuela, que contrastan con la imagen que tiene hoy y el papel de chivo expiatorio que le atribuyen los Chalecos Amarillos y, al parecer, el presidente de la República».[132] Este antiguo resistente cuenta que esta escuela, concebida por Michel Debré en 1945, no quiso dejar de lado a los que habían decidido abandonar sus estudios temporalmente para liberar a su país. De ahí las promociones especiales de los dos primeros años, en las que el modo de admisión tenía en cuenta los hechos de armas de los candidatos. «No éramos estudiantes ordinarios, aislados en su ambiente, habituados a las bibliotecas, entusiastas de los títulos; nos habíamos enfrentado a los dramas del mundo, la mayoría habíamos combatido en las Fuerzas Francesas Libres o en las del Interior; habíamos sufrido el choque de la derrota, del hundimiento de la República, de los sufrimientos y las humillaciones de un pueblo vencido; nos habíamos recuperado en la Resistencia con la esperanza de que la victoria y la liberación nos traerían una nueva república y una democracia social», escribió Claude Alphandéry, que había visto el espectáculo desolador de los altos funcionarios inclinados delante del Estado francés y cómplices del terror nazi.

132. Alphandéry, Claude, «Pour en finir avec le clanisme et la trahison des clercs», *Libération*, 29 abril de 2019.

Antes de la Segunda Guerra Mundial, cada gran cuerpo del Estado —Inspección de Finanzas, Tribunal de Cuentas, Consejo de Estado, sin olvidar el Ministerio de Asuntos Exteriores...— organizaba su propia contratación, que a menudo tenía más de concurso de mantenimiento o de discreta cooptación que de competición meritocrática y republicana.

La ENA tenía que romper con todo eso. Cumplió esta misión durante sus primeros años de existencia. Pero, con el tiempo, dejó de haber jóvenes resistentes para presentarse, no había personalidades que hubieran hecho pasar el amor por la libertad y el interés de la nación por delante de cualquier otra consideración, incluida su propia vida.

Por otra parte, el general De Gaulle lo constató en 1963: la ENA «se creó para suprimir clanes y castas, y ahora se vuelven a formar. Hay que velar por que los que eran de la ENA puedan circular de una administración a otra, sin que su decisión de abandonar les confiera un privilegio definitivo», dijo el 22 de enero de 1963, cuando el Consejo de Ministros revisaba los nombramientos de altos funcionarios. Volvió al tema unas semanas más tarde, también en el Consejo de Ministros: «Hay que regenerar la ENA. Teníamos que derribar las barreras. Se han reconstituido. Teníamos que organizar la movilidad [...]. Y la mayoría de los antiguos alumnos de la ENA se amontonan en unas hectáreas del distrito VII».[133]

A esta crítica, se añaden las de la arrogancia, el inmovi-

133. Citado por Peyrefitte, Alain, *C'était de Gaulle*, tomo 2, Éditions de Fallois/Fayard, París, 1997.

lismo y el conservadurismo, formuladas por Jean-Pierre Chevènement y dos de sus antiguos condiscípulos en 1967 en un libro de título sugestivo, *L'énarchie ou les mandarins de la société bourgeoise*:[134] «Y contra la inflación, ¿qué hace usted? Creo una comisión de estudios. ¿Los problemas de conversión? Creo un grupo de estudios. ¿El problema de la vivienda? Creo una comisión de estudios», se burlaban ya entonces los tres colegas hace más de cincuenta años.

Sin embargo, en aquella época, en la década de 1960, los ministerios todavía no estaban colonizados por los *enarcas*. El gran salto se produjo en 1974, cuando un exalumno con un perfil considerado de tecnócrata fue elegido presidente de la República. Valéry Giscard d'Estaing precipitó el cambio hacia el «gobierno de los mejores».

Paradójicamente, la llegada de la izquierda al poder, en 1981, consagró definitivamente este dominio. François Mitterrand y su primer ministro, Pierre Mauroy, no eran miembros de las grandes instituciones, pero todos los que los rodeaban sí, desde Jacques Attali hasta Laurent Fabius y Lionel Jospin, pasando por dos recién llegados, François Hollande y Ségolène Royal. Con la llegada de la izquierda, la tecnocracia ganó definitivamente la partida. La «casta cognitiva» inició su largo reinado.

Pero lo peor todavía estaba por llegar. Esos años, si bien es verdad que no sufrían del pecado de la humildad, la mayoría de los altos funcionarios mantenían un alto sentido

134. Chevènement, Jean-Pierre; Gomez, Alain, y Motchane, Didier (con el seudónimo de Jacques Mandrin), *L'énarchie ou les mandarins de la société bourgeoise*, La Table Ronde, París, 1967.

del interés general: engreídos, cierto, pero con decoro y desprecio por el dinero en general y por el estilo ostentoso en particular. Ese momento mágico del mérito en todas sus dimensiones se ha disipado, pero algo queda, una nostalgia, unos principios, que vuelan en pedazos con las privatizaciones y la reducción del perímetro del Estado.

Los *enarcas*, en la imaginación colectiva, ya no son esos altos funcionarios que conducen a Francia por el camino del progreso, sino una secta de tecnócratas aislados, nacidos en cuna de oro y que no saben nada de la verdadera situación del país real. Durante cincuenta y seis años las reformas han intentado poner remedio a ese alejamiento, a esa alteración del mérito y a ese retorno al aislamiento, pero sin éxito, ya que los candidatos seleccionados, aunque siguen siendo de buena calidad, muchos salen del mismo molde familiar, burgués y culto.

Para intentar diversificar los productos de esa fábrica de clones, se multiplicaron las formas de selección paralelas a la vía de acceso regia, que pasa por el Instituto de Estudios Políticos de París. Para empezar, el concurso interno, reservado a los funcionarios. Después, la «tercera vía», que se dirige sobre todo a los profesionales de los medios asociados. Pero eso no fue suficiente para romper el molde. Así que se abrió un cuarto concurso a los titulares de un doctorado, que sin embargo estaba reducido a la mínima expresión: cuatro plazas, que fueron seis a partir de 2021. Y por último, un quinto concurso se centró en los becados que habían seguido una clase preparatoria para «talentos» y que pasaron las mismas pruebas que los demás candidatos del concurso externo, pero dispusieron de seis accesos reservados.

No obstante, este resquicio dejaba intacta la cara oscura de la meritocracia *enárquica*, la del seguro a todo riesgo. Con las privatizaciones y la llegada del dinero-rey en las décadas de 1980-1990, numerosos *enarcas* se marcharon al sector privado, no forzosamente para trabajar más, pero sin duda para ganar más. Pueden utilizar mil subterfugios para seguir siendo funcionarios. Este paso al sector privado debería estar prohibido y cualquier funcionario que abandone el sector público debería ser obligado a dimitir. Es lo mínimo para que la meritocracia no desvalorice el mérito. El seguro a todo riesgo también es la garantía de un empleo de por vida no forzosamente muy bien pagado pero prestigioso, en el que la pereza y la incompetencia no plantean ningún problema: meritorio una vez, en el momento del concurso, después el *enarca* está eximido para siempre de demostrar de nuevo su aptitud.

Después de un largo silencio, Emmanuel Macron finalmente volvió a hablar de la ENA en abril de 2021. Anunció su sustitución por el Instituto Nacional del Servicio Público (INSP). ¿Un gran cambio? Para nada. Es un poco como repintar la fachada de una casa de citas con el pretexto de que ahora albergará una liga virtuosa sin modificar nada en el interior. ¡Porque el INSP es, excepto por algunos detalles, lo mismo que la ENA!

La fusión con las otras escuelas destinadas a formar altos funcionarios, como la Escuela Nacional de la Magistratura o la de la Salud Pública, también se reduce a su expresión más simple: seis módulos en línea sobre las ciencias, el clima, la pobreza, los valores de la República o también el ámbito digital. El único avance real es el fin de la clasificación de salida y de los grandes cuerpos, en provecho de un gran cuerpo de administradores del Estado, en el que cada uno deberá pasar dos años en un puesto operativo (secretario general de un rectorado, director del gabinete de un prefecto, adjunto del director departamental de finanzas públicas...) antes de ser asignado. Pero también en este caso todo es relativo. En resumidas cuentas, dos años es un plazo bastante corto antes de aterrizar para siempre en una brillante sinecura. Y aunque los cuerpos de inspección, como los de las finanzas o los de los asuntos sociales, han sido suprimidos, dos grandes cuerpos prestigiosos persisten, porque también son jurisdicciones: el Tribunal de Cuentas y el Consejo de Estado. En estos dos remansos de paz es posible trabajar, o no, dormitar en la oficina, o no, sin que tenga demasiadas repercusiones en el avance de la carrera.

Dejemos a Claude Alphandéry las palabras finales:

> Es cierto que la alta función pública, tal como está, sigue siendo una élite encerrada en sí misma. Pero ¿no habría que revisar esta decisión considerada como un avance que acabará con los privilegios y abrirá el camino a las transformaciones? La supresión de la ENA ¿no corre el riesgo de crear un vacío en el que se puedan deslizar nuevos peligros de una apropiación de la función pública por potencias económicas? ¿No es preferible utilizar esta escuela corrigiendo sus formas de acceso y de salida, todo lo que la convierte en una casta demasiado poco sensible a las aspiraciones de los ciudadanos? Me-

jor que mandarla al diablo sería convertirla en la herramienta de su transformación.

Estas inteligentes palabras, por desgracia, no fueron escuchadas. Por lo tanto, hay muchas posibilidades de que, a pesar de las vías de acceso paralelas, a pesar del fin de la clasificación de salidas, a pesar de la supresión —¡parcial!— de los grandes cuerpos, la ENA del futuro continúe traicionando al mérito.

20

¿Misión imposible para las grandes escuelas?

Paul Pasquali, sociólogo y autor de una obra titulada *Héritocratie*, no encuentra palabras lo suficientemente duras para denunciar lo que considera como la hipocresía de las grandes escuelas. Al principio de su libro, presenta una larga cita de *Sus hijos después de ellos*, la novela de Nicolas Mathieu que ganó el Premio Goncourt en 2018. Es un poco larga pero muy instructiva:

> [Stéphanie] descubría el cuadro en su conjunto. Los auténticos responsables pasaban por clases preparatorias y escuelas reservadas. La sociedad tamizaba así a sus hijos desde la escuela primaria para elegir a sus mejores sujetos, los más capaces de reforzar el estado de las cosas. De esta selección sistemática, resultaba un prodigioso apoyo a las potencias presentes. Cada generación aportaba su lote de buenas mentes, pronto convencidas y debidamente recompensadas, que apoyaban las herencias, potenciaban las dinastías y consolidaban la estructura monstruosa de la pirámide hexagonal. Al

final, el «mérito» no se oponía a las leyes del nacimiento y la sangre, como habían soñado los juristas, los pensadores, los diablos de 1789 o los húsares negros de la República. En realidad, ocultaba una inmensa operación de selección, una extraordinaria fuerza de aglomeración, un proyecto de remodelación continua de las jerarquías presentes.

¡Mérito entre comillas, por supuesto! Porque el galardonado con el Premio Goncourt de 2018 siente horror por la selección y considera el éxito escolar con la mayor sospecha.

El decorado está preparado. El sociólogo, como el escritor, desconfía de las grandes escuelas, encarnaciones de este sistema. Paul Pasquali incluso encuentra circunstancias agravantes a estas instituciones desde que adoptaron, a mediados de la década de los 2000, una actitud proactiva para abrir su reclutamiento a los candidatos procedentes de medios modestos:

> El voluntarismo mostrado por las grandes escuelas a través de vías de reformas presentadas como inéditas (supresión de las pruebas de concursos consideradas discriminatorias, instauración de puntos de bonificación para los becados, multiplicación de las clases preparatorias reservadas a los estudiantes «meritorios» procedentes de familias populares) también puede leerse implícitamente como una confesión de fracaso: a pesar de dos decenios de movilizaciones para la apertura social [...], la mayoría de las escuelas, sobre todo las más valoradas, siguen teniendo problemas para entreabrir sus puertas a los hijos de las clases populares.

¿Qué hay que hacer entonces? ¿Suprimir las grandes escuelas? Es lo que proponía en una época Vincent Peillon, efímero ministro de Educación con François Hollande. ¡Qué buena idea prescindir de lo que funciona mejor! ¿O intentar abrir más las puertas de estas instituciones en las que, contrariamente a lo que se cree y como demuestra la filósofa Monique Canto-Sperber, la escolarización no cuesta más cara que en un tercer ciclo universitario?

Es cierto que la constatación es preocupante. En 2001, el director del Instituto de Estudios Políticos de París, Richard Descoings, inventó un nuevo sistema de admisión con las «convenciones de educación prioritaria». Se trataba de firmar acuerdos con institutos situados en los barrios desfavorecidos para acompañar a sus alumnos motivados hacia un procedimiento de acceso específico. Esta decisión se percibió como un navajazo al contrato republicano.

En realidad, no se podía continuar como antes. Dicho instituto, tradicionalmente percibido como el sector de los hijos de papá, menos exigente académicamente que las clases preparatorias para las grandes escuelas, acogía, a finales de la década de 1990, nueve veces menos hijos de obreros que las clases preparatorias, también discriminadas socialmente.

Como escribía Jacques Attali, en un informe encargado por el ministro de Educación Nacional Claude Allègre en 1998:[135] «Sin duda, se podría establecer que la mayoría de los alumnos de las mayores escuelas francesas empezaron

135. Attali, Jacques, «Pour un modèle européen d'enseignement supérieur: rapport à M. le ministre de l'Éducation Nationale, de la Recherche et de la Technologie», enero de 1998.

su escolarización en uno o dos centenares de clases de preescolar».

Ahí está todo el drama de los centros de élite. Y lo saben. Justo después del golpe de efecto de Richard Descoings, en 2002 la ESSEC puso en marcha la operación «Una gran escuela, ¿por qué no yo?».[136] Esta iniciativa se diferenciaba de la del Instituto de Estudios Políticos de París porque se mantenía apartada de cualquier crítica de discriminación positiva. No se trataba de una vía de admisión específica, sino de una ayuda, a partir de segundo (15-16 años), a estudiantes escolarizados en barrios sensibles: tutoría en la escuela, en Cergy, salidas culturales, visitas a empresas, pero ninguna puerta de entrada reservada. Imitada por muchas de sus semejantes, la ESSEC quiso responder a un doble imperativo, como nos explica la iniciadora del programa, Chantal Dardelet, directora del Centro de Igualdad de Oportunidades:

> Por una parte, hay que responder a una reivindicación legítima de justicia social, mientras que la meritocracia, cuando es estrecha de miras, prejuzga que todo el mundo dispone de los mismos códigos, de las mismas redes, lo cual es falso. Por eso, acompañamos previamente a los alumnos meritorios, a los que enseñamos a construir un razonamiento, a tomar notas —muchos no saben hacerlo— y a ser conscientes de que sus diferencias también son oportunidades. De esta manera, la

136. Los profesores de la ESSEC encargados de «poner la música» a este programa publicaron un libro después de unos años de experiencia: Chantal Dardelet y Thierry Sibieude, en colaboración con el periodista Fabrice Hervieu-Wane, *Une grande école, pourquoi pas moi? Le droit au mérite*, Armand Colin, París, 2011.

> única prueba en la que los estudiantes becados obtienen de media una mejor nota que los demás es la oral, que superan los candidatos admisibles después de las pruebas escritas. Por otra parte, necesitamos de todos los talentos, no sólo de los procedentes de las clases favorecidas, es un imperativo.[137]

Así, pues, la ESSEC, bajo el impulso de Chantal Dardelet, instituyó en 2021 el procedimiento del «doble llamamiento»: los candidatos que se encontraban justo por debajo de la línea de admisibilidad hicieron pruebas orales (en las que obtenían de media mejores resultados que en las escritas), recuperaron su retraso y fueron admitidos. Chantal Dardelet recuerda lo que tuvo que batallar: el 80 por ciento de los estudiantes de la ESSEC estaban en contra, entre ellos un 70 por ciento de los becados, que consideraban esta medida como muy desagradable...

El dispositivo «Una gran escuela, ¿por qué no yo?» fue aceptado por numerosos centros. Después de los motines que se produjeron en la periferia en 2005, Jacques Chirac anunció, a principios de 2006, bajo el impulso de su secretario de Estado encargado de la Igualdad de Oportunidades, Azouz Begag, que las clases preparatorias deberían casi doblar el número de becados que admitían, para llegar a una participación del 30 por ciento en 2010, es decir, la misma proporción que en la universidad. Es cierto que, al mismo tiempo, el sistema de becas universitarias se amplió y benefició más a la clase media, lo cual ayudó indiscutiblemente a alcanzar dicho objetivo. Después, en 2008, se

137. Entrevista del 9 de febrero de 2022.

pusieron en marcha las «Cordadas del Éxito», que pretendían luchar contra la autocensura y favorecer la ambición de todos, gracias a unos sistemas de tutoría desde el final del primer ciclo de secundaria. Todo el mundo se puso a ello, empezando por las grandes escuelas, pero también los institutos Louis-le-Grand y Henri-IV. Era una cuestión de ética, sin duda, pero también de imagen.

En esa misma época, el rector de la Academia de París, Patrick Gérard, que sería, entre 2017 y 2021, el último director de la ENA, puso en marcha en la capital el primer internado de excelencia reservado a los estudiantes de clases preparatorias. Al instituto Jean-Zay, que ya existía desde hacía muchos años, se le asociaron dos residencias universitarias para acoger a 800 jóvenes de origen modesto, 800 jóvenes alojados, alimentados, bien cuidados y, sobre todo, dirigidos con firmeza y benevolencia por una directora sin par. Todas las tardes, los dos centros de residencia contaban con profesores disponibles entre las seis de la tarde y la medianoche. La Ópera de París y los grandes teatros parisinos formaban parte del programa. Con el paso de los años, los exalumnos ejercerían de tutores de los recién llegados...

El movimiento se aceleró. No participar se volvió incómodo. El 7 de junio de 2010, por ejemplo, el presidente de la Universidad París-Dauphine, Laurent Batsch, pronunció un discurso con motivo de la firma de un «convenio de igualdad de oportunidades» con nueve institutos de Sena-Saint-Denis. Una quincena de estudiantes meritorios se beneficiarían, cada año, de un apoyo escolar, cultural y financiero para ayudarles a entrar en esa universidad con un estatuto especial, dado que practica la selección de bachilleres. Nada de vías de admisión específicas, como en el Instituto de Estudios Políticos de París desde principios de la década de los 2000, sino un dispositivo destinado a luchar contra los fenómenos de autolimitación. El mensaje: no reprimas tus ambiciones.

Pero los denigradores del mérito describen todas estas iniciativas como maniobras de distracción imaginadas por los «dominantes» para conservar sus privilegios. Dado que la secretaria de Estado de la Política de la Ciudad, Fadela Amara, hija de obreros, asistió a la ceremonia del 7 de junio de 2010 en la Universidad París-Dauphine, el sociólogo Paul Pasquali denunció la complicidad del Estado en lo que considera un inmenso engaño: «Los centros de élite han conseguido imponer sus soluciones y, al hacerlo, han desarmado las críticas que, hasta el momento, las consideraban más bien como un problema». Por lo tanto, cualquier persona que participe en las «Cordadas del Éxito» es, a los ojos de estos denigradores, una especie de colaboracionista, un idiota inútil que hace el juego a un sistema dedicado a perpetuar la relegación y las desigualdades de destino. Es un poco como si se condenara moralmente a las organizaciones humanitarias con el pretexto de que no pueden curar y alimentar a toda la humanidad.

Un informe publicado en 2021 por el Instituto de Políticas Públicas (IPP)[138] señala que los alumnos procedentes

138. «Grandes écoles: quelle "ouverture" depuis le milieu des années 2000?», Instituto de Políticas Públicas, marzo de 2021. Uno de los autores de esta nota es Julien Grenet, el gran lumbrera de Affelnet y del índice de posicionamiento social (IPS).

de una familia socialmente «muy favorecida» siguen estando sobrerrepresentados en las escuelas más selectivas, a pesar de los dispositivos de «apertura» que han puesto en marcha algunas grandes escuelas para intentar diversificar el perfil de sus estudiantes. *Le Monde*, que revela en exclusiva el contenido del libro blanco publicado por la Conferencia de las Grandes Escuelas, hace una reseña muy severa: «Desde hace quince años, todos estos dispositivos no han tenido ningún efecto estructural [...]. Es cierto que estas acciones han tenido un impacto en trayectorias de individuos; han conducido a algunos alumnos a tener más éxito en su entrada en los estudios superiores, en la universidad o en otros lugares. Pero no han modificado la composición social de las grandes escuelas».[139]

La realidad tiene más matices. En efecto, este artículo se basa en el informe del IPP, cuyos datos más recientes se remontan a 2016. Sus autores aseguran que la realidad no ha cambiado desde entonces, pero Chantal Dardelet y los participantes en el libro blanco se lo discuten. Ponen en duda, por ejemplo, su evaluación de las desigualdades según el origen social, que afirma que los estudiantes con un perfil social muy favorecido tienen diez veces más posibilidades de acceder a una gran escuela que los más modestos. Porque, en los datos anteriores a 2016, los dispositivos de apertura social todavía no habían producido todos sus efectos: los candidatos afectados estaban en el colegio en 2010, cuando las iniciativas de apertura social eran menos numerosas y menos profundas.

139. Gourdon, Jessica, «Dans les grandes écoles, la mixité sociale patine», *Le Monde*, 16 de febrero de 2022.

El verdadero problema sigue siendo que los centros más selectivos son más cerrados. Pero, de media, los resultados de los concursos de las escuelas de dirección y gestión de empresas cuentan con un 26 por ciento de becados entre los candidatos y un 25 por ciento entre los estudiantes que han aprobado el concurso. En las grandes escuelas de ingenieros, el 27,33 por ciento de los candidatos al concurso son becados y el 27,07 por ciento de los becados figuran entre los aprobados. Conclusión: los becados tienen casi las mismas posibilidades que los otros de entrar en una gran escuela. Por lo tanto, el problema de la desigualdad de oportunidades se sitúa antes.

Además, el porcentaje de becados entre los candidatos procedentes de una clase de preparatorio va en aumento desde hace una decena de años. Un aumento que podría explicarse por el impacto positivo de las «Cordadas del Éxito» y las campañas efectuadas para dar a conocer estas formaciones.

Si las grandes escuelas despliegan tantos esfuerzos es también porque luchan por su supervivencia. Ya que no se suprimen, hay que integrarlas con normalidad en la universidad.

Por otra parte, frente a los resultados más que mediocres de la Escuela Politécnica en materia de mezcla social, los ministerios de Educación Nacional y Enseñanza Superior han acabado por emitir una amenaza expresada en estos términos a la dirección de la Politécnica por un funcionario de rango muy alto: «Si vuestras cifras (de becados) no mejoran rápidamente, representará la anexión a Saclay». Fundirlas en el magma universitario, ¡ése es el último castigo prometido a las grandes escuelas!

Conclusión

El mérito bien templado

Al final de este viaje al país del mérito, hay que constatar una evidencia: salvarlo requeriría mucho esfuerzo, ya que su credibilidad está muy cuestionada a la vez por los que lo utilizan como una útil pantalla para consolidar sus privilegios y por los que consideran que lo desacreditan para dar paso a un mundo maravilloso, libre de cualquier forma de desigualdad. Los segundos, con mejores sentimientos, son los peores, puesto que acechan con una vigilancia rabiosa la menor desviación de destino. Ninguna reforma, ninguna acción en favor de la igualdad de oportunidades les parecerá suficiente. Siempre querrán más igualdad, es decir, siempre menos mérito.

En una sociedad en la que la promesa escolar se ha esfumado, en la que el azote de los valores se inclina peligrosamente del lado del dinero, que recompensa al *trader* mil veces más que a la enfermera, en la que las reivindicaciones identitarias ganan terreno, recompensar el talento, los esfuerzos y la utilidad social ya no se percibe como el excelente carburante de la cohesión social, sino como el veneno que divide.

Sin embargo, ninguno de los denigradores que lo agobian propone la menor solución convincente para sustituirlo en un marco democrático. Y con razón: el mérito es insustituible, siempre y cuando esté bien enmarcado.

Sus verdaderos enemigos, numerosos, se llaman perpetuación de los privilegios, desigualdad de oportunidades, inmovilismo de la sociedad y puesta en duda de los valores republicanos. Estos cuatro jinetes del apocalipsis no se rendirán. Por lo tanto, hay que neutralizarlos.

Y para ello, hay que promover el mérito bien templado, el que no sólo beneficia al ganador, que no paraliza las posiciones sociales, que da su oportunidad a todos, que reverencia por igual «la cabeza, el corazón y la mano». Por otra parte, el autor de esta fórmula, el ensayista David Goodhart, está de acuerdo, a su manera: «Es importante distinguir entre los *sistemas de selección* meritocráticos para los empleos altamente cualificados y una *sociedad* meritocrática. Los primeros son a la vez necesarios y deseables: es mejor tener expertos competentes para gestionar nuestros programas nucleares, por ejemplo. Pero la segunda no lleva la marca de una buena sociedad e incluso es potencialmente una fuente de descontento colectivo». Sobre todo porque, como ya especificaba Michael Young, los que están dotados de las mejores capacidades cognitivas sienten menos obligaciones hacia los menos inteligentes que antaño los ricos respecto a los pobres.

Esta deriva es lo que conviene corregir, al mismo tiempo que los errores de una escuela en la que cada uno tira por su lado debido a las incesantes reformas que han olvidado los dos fundamentos: la transmisión de conocimientos para todos y la justa gratificación de los profesores. El mérito es y seguirá siendo, esperémoslo, ese delicado ensamblaje entre la utilidad social, el talento, el esfuerzo y lo que Aristóteles llamaba la «amistad cívica», esa indispensable confianza que debe reinar entre los ciudadanos, como expone el filósofo Adrien Louis en *Les meilleurs n'auront pas le pouvoir*:[140]

> El buen régimen político, el régimen más justo, velará pues por honrar cada parte de la ciudad en proporción a su contribución al bienestar común. Deberá atribuirse a ricos, trabajadores y buenas familias una parte del manejo de los asuntos comunes, puesto que todos son necesarios para la vida y la prosperidad de la ciudad. Por lo tanto, hay que admitir que los hombres excelentes, lejos de gobernar con excepción de todos los demás ciudadanos, deberán compartir el gobierno.

Para que la meritocracia deje de descalificar al mérito, lo que hay que revolucionar, con suavidad y firmeza, es a la vez la escuela y la jerarquía de los valores en nuestras sociedades poscapitalistas.

Jean Jaurès, en su *Histoire socialiste de la Révolution française*, define así la filosofía de la Ilustración:

> Es una libre preocupación por lo universal, es el odio o el desdén por el prejuicio, es el incesante llamamiento a la razón, es

140. Louis, Adrien, *Les meilleurs n'auront pas le pouvoir. Une enquête à partir d'Aristote, Pascal et Tocqueville*, PUF, París, 2021.

la amplia simpatía humana que llega a todos los pueblos y a todas las razas, en especial a todos los esfuerzos de civilización y de pensamiento. Es la necesidad de comprenderlo todo y de armonizarlo todo. Es la pasión por la ciencia y la humanidad. Es el gran movimiento que los alemanes llamaron *Aufklärung*, reflejo de la palabra del siglo XVIII francés que tenía entonces un brillo muy joven y muy vivo, la Ilustración.

El mérito es una de sus criaturas más bellas. Es primordial protegerlo de todas las instrumentalizaciones.

Impreso en Black Print CPI
C/Torrebovera, s/n (esquina c/Sevilla), nave 1
08740 Sant Andreu de la Barca - Barcelona